Proyección astral para principiantes

La guía del viaje astral para una experiencia fuera del cuerpo intencional

© Copyright 2021

Todos los derechos reservados. Ninguna parte de este libro puede ser reproducida de ninguna forma sin el permiso escrito del autor. Los revisores pueden citar breves pasajes en las reseñas.

Descargo de responsabilidad: Ninguna parte de esta publicación puede ser reproducida o transmitida de ninguna forma o por ningún medio, mecánico o electrónico, incluyendo fotocopias o grabaciones, o por ningún sistema de almacenamiento y recuperación de información, o transmitida por correo electrónico sin permiso escrito del editor.

Si bien se ha hecho todo lo posible por verificar la información proporcionada en esta publicación, ni el autor ni el editor asumen responsabilidad alguna por los errores, omisiones o interpretaciones contrarias al tema aquí tratado.

Este libro es solo para fines de entretenimiento. Las opiniones expresadas son únicamente las del autor y no deben tomarse como instrucciones u órdenes de expertos. El lector es responsable de sus propias acciones.

La adhesión a todas las leyes y regulaciones aplicables, incluyendo las leyes internacionales, federales, estatales y locales que rigen la concesión de licencias profesionales, las prácticas comerciales, la publicidad y todos los demás aspectos de la realización de negocios en los EE. UU., Canadá, Reino Unido o cualquier otra jurisdicción es responsabilidad exclusiva del comprador o del lector.

Ni el autor ni el editor asumen responsabilidad alguna en nombre del comprador o lector de estos materiales. Cualquier desaire percibido de cualquier individuo u organización es puramente involuntario.

Tabla de contenido

- INTRODUCCIÓN 1
- PRIMERA PARTE: FUNDAMENTOS DE LA PROYECCIÓN ASTRAL 3
- CAPÍTULO 1: COMPRENDER EL ASTRAL 4
- CAPÍTULO 2: ¿QUÉ ES LA PROYECCIÓN ASTRAL? 13
- CAPÍTULO 3: QUÉ ESPERAR... 21
- SEGUNDA PARTE: PREPARARSE PARA EL PLANO ASTRAL................ 30
- CAPÍTULO 4: SUPERAR LAS LIMITACIONES DE SU MENTE 31
- CAPÍTULO 5: EL DIARIO DE SUS SUEÑOS 40
- CAPÍTULO 6: DESARROLLAR LA ATENCIÓN PLENA 49
- CAPÍTULO 7: LA RESPIRACIÓN ASTRAL.. 58
- CAPÍTULO 9: AFIRMAR SUS OBJETIVOS.. 76
- TERCERA PARTE: ENTRAR EN EL PLANO ASTRAL 85
- CAPÍTULO 10: PREPARAR EL PROYECTO 86
- CAPÍTULO 11: CONCENTRACIÓN CON MÚSICA Y MANTRAS 98
- CAPÍTULO 12: EL MÉTODO DE MEDITACIÓN 107
- CAPÍTULO 13: EL MÉTODO DE DESPERTAR Y VOLVER A LA CAMA 116
- CAPÍTULO 14: OTRAS TÉCNICAS DE PROYECCIÓN ASTRAL 125
- CAPÍTULO 15: ESTÁ ALLÍ. ¿Y AHORA QUÉ? 136
- CAPÍTULO 16: PROBLEMAS Y ERRORES A SUPERAR 147
- CAPÍTULO 17: ESTRATEGIAS DE SALIDA 156
- CONCLUSIÓN 170
- VEA MÁS LIBROS ESCRITOS POR SILVIA HILL.. 173
- REFERENCIAS 174

Introducción

Así que, quiere aprender a salir de su cuerpo. La primera vez que escuchó hablar de esto, probablemente fue a través de ese tío chiflado suyo. Él observa a Gaia e insiste en que hay reptilianos y grises entre nosotros, así que le costó tomarle en serio. Hasta que, por la razón que sea, decidió investigar estas cosas, y comenzó a preguntarse cómo era posible que un montón de gente se creyera esa locura. Tal vez comenzó a notar un hilo conductor en todas las historias y decidió que, después de todo, podría haber algo de verdad.

O puede que ya haya tenido experiencia con lo sobrenatural y lo paranormal y quiera otra forma de interactuar con los mundos más allá de lo que podemos sentir. Tal vez acaba de ver este libro y, sin ninguna razón en particular, decidió que era el siguiente en su lista de lectura. En cualquier caso, ha tomado la decisión correcta al elegir este libro.

Hay demasiadas mentiras y mitos en torno al fenómeno de la proyección astral. Es difícil distinguir la diferencia entre realidad y ficción, especialmente si nunca antes ha tenido un sueño lúcido, y mucho menos ha abandonado su cuerpo físico. Por eso, se ha escrito este libro para ayudarle a explorar el maravilloso mundo del reino astral con confianza y espíritu de aventura.

Entre en Google o en otro motor de búsqueda y escriba "proyección astral". Antes, veía unos cuantos resultados que podían ayudarle a conseguirlo. Ahora, la página uno de esos resultados de búsqueda está repleta de anuncios de Amazon. Justo debajo de esos anuncios hay un montón de artículos y blogs que se esfuerzan por convencerle de que todo está en su cabeza. "Es solo un montón de basura", dicen. O bien, encuentra reseñas de un programa en Netflix con una premisa que hace más daño que bien al aspirante a viajero astral. Así que este libro tenía que ser escrito porque sentía la responsabilidad personal de arreglar ese desastre.

Otros libros le hablan del reino astral, le dan una o dos maneras de comprobarlo y luego le dejan a su aire. Este libro le llevará de la mano y le guiará por todo lo que necesita saber, desde la salida hasta la reentrada.

Muchos de los mejores libros sobre proyección astral están tristemente desfasados y son innecesariamente complicados, lo que aleja a los lectores del tema. Este libro es de fácil lectura para principiantes y le ayudará a entender qué es el plano astral y cómo llegar a él. Aprenderá a preparar su mente y su cuerpo para sus viajes, y los mejores métodos que le permitirán realizar proyecciones exitosas en todo momento.

Repasaremos cómo hacer su camino a través del plano astral sin sentirse como un torpe total y cómo trabajar a través de los diversos problemas que pueden surgir a lo largo de su viaje. También aprenderá la forma correcta de regresar a su cuerpo. Y, además, le añadiremos un fantástico bono. Un calendario de 30 días de afirmaciones, meditaciones y ejercicios de atención plena que le pondrán en el camino de las proyecciones astrales exitosas a su disposición.

Primera parte: Fundamentos de la proyección astral

Capítulo 1: Comprender el Astral

Si va a realizar un viaje a un país extranjero en el que nunca ha estado, tiene sentido que aprenda todo lo que pueda sobre él. Lo mismo ocurre con el plano astral. Lo último que quiere es hacer un viaje a algún lugar, solo para descubrir que su ropa está mal. O que está haciendo todo lo que los nativos consideran irrespetuoso (sin quererlo, por supuesto).

"El mundo en un grano de arena"

Hay un precioso poema, "Augurios de la inocencia", de William Blake, que comienza con estos versos:

Ver un mundo en un grano de arena

Y un cielo en una flor silvestre

Sostener el infinito en la palma de la mano

Y la eternidad en una hora

Esas líneas son la más bella y acertada descripción del plano astral. Pero lo primero es lo primero. El mundo que conoce no es el único. Ahora bien, es fácil suponer que esta afirmación no es cierta. Después de todo, vivimos en una época en la que la ciencia es el rey, y aunque eso no es malo, significa que a menos que se pueda observar un fenómeno físicamente, no existe. Se podría decir que los científicos son los verdaderos pioneros de la frase: "O hay fotos, o no ocurrió". Claro que hay científicos que se han atrevido a explorar temas considerados "marginales". Sin embargo, todavía estamos muy lejos del nivel de apertura mental que necesitamos para avanzar en la exploración de la conciencia.

El mundo físico en el que se encuentra ahora mismo no es más que una pequeñísima parte de toda la existencia. Hay cosas que existen fuera de la conciencia despierta, que no puede percibir a menos que se sintonice con la frecuencia correcta de la conciencia. El problema es que a todos nos han enseñado que no hay nada en la vida más que las cosas materiales que puede detectar con sus cinco sentidos.

Desde que era niño, sus padres le decían que sus sueños no eran reales y que el amigo que le animaba cuando estaba deprimido era solo imaginario. La mayoría de nosotros hemos oído esto lo suficiente como para creernos la mentira. Sin embargo, algunos tuvimos la suerte de vivir experiencias que nos hicieron preguntarnos, incluso en la edad adulta, "¿Y si hay algo más?". Lo más probable es que haya tenido una experiencia que le haya llevado a este libro. Así que debería saberlo ahora mismo: no está loco. Hay más en la vida de lo que parece.

Volvamos al poema de William Blake, para que pueda captar la idea de lo que es el plano astral. Imagine que sostiene un grano de arena y que en ese único grano está la Tierra, todos los demás planetas conocidos y nuestro universo. Ahora, imagine que está de pie en la playa. Intente comprender el hecho de que toda esa arena es un universo de universos.

Piense en la idea de tener todo el infinito, o la atemporalidad, en la palma de su mano. En el plano astral, podría experimentar toda una vida, solo para regresar al físico y encontrar que solo han pasado diez minutos. Sin embargo, debo mencionar que no siempre es así, ya que se puede terminar en una sección del plano que se acerque a la realidad física y al tiempo.

El plano astral

Puede coger las llaves de su coche y conducir hasta el centro comercial, pero no puede visitar el plano astral sin el vehículo adecuado porque está fuera de nuestro mundo tridimensional.

Algunos creen que cuando muere, deja su cuerpo físico y va al plano astral. La gente cree que es una especie de sala de espera espiritual, entre el cielo y la Tierra. Desde este punto, puede volver a la Tierra para otro juego de "ser humano", o puede ascender a planos superiores de existencia.

La verdad es que funciona en más planos de existencia que el material y el astral. Sin embargo, su conciencia despierta está enfocada principalmente aquí en la Tierra. El astral está más allá de lo físico; es el mundo de los fenómenos psíquicos, los espíritus y los sueños. Conecta su mundo material con el rico mundo místico.

El sufismo, la cábala y el espiritismo reconocen la existencia del reino astral. Asimismo, el Movimiento de la Nueva Era, la Teosofía y el Eckankar tienen filosofías centradas en él.

Helena Petrovna Blavatsky, una de las fundadoras de la Sociedad Teosófica, propuso la idea de los Maestros, también llamados Mahatmas. Son humanos, o solían serlo, y ahora han trascendido del reino de la Tierra al astral.

El Eckankar de Paul Twitchell también se llama la ciencia antigua del viaje del alma. Como su nombre indica, a los iniciados se les enseñan varias formas de comunicarse con el reino astral y con los Maestros. Estos últimos existen para ofrecer orientación, curación, fuerza, sabiduría y cualquier otra cosa que uno pueda necesitar para superar la agotadora vida en la Tierra. Los estudiantes de Eckankar, llamados chelas, aprenden a experimentar el Sugmad (Dios) viajando a lo largo de la corriente vital audible llamada Eck, que fluye hacia y desde el Sugmad. El objetivo del chela no es el viaje astral, sino llegar finalmente al Sugmad.

El Movimiento de la Nueva Era es una bestia con muchas cabezas. Aunque hay varias creencias y metodologías para entrar en contacto con los mundos más allá de este, todas comparten una creencia común en el plano astral. Algunas escuelas de pensamiento creen que solo se puede ir al reino astral cuando se muere, o en un sueño. Sin embargo, la mayoría de los de la Nueva Era experimentan este plano mientras están vivos, induciendo deliberadamente sueños lúcidos o proyecciones astrales, que también se llaman experiencias fuera del cuerpo (EFC), viajes del alma o viajes astrales. Otras formas de llegar al plano astral son la meditación y las experiencias cercanas a la muerte (ECM). Esto último es algo que definitivamente *no* debería tratar de inducir, por favor.

La dimensión astral comprende siete niveles o planos clave. Cada plano tiene su propia variedad de subplanos y así sucesivamente. Puede parecer que podría perderse allí, pero no hay de qué preocuparse, ya que, de una forma u otra, volverá a su cuerpo después de cada exploración. Este plano de existencia abarca todo el mundo material y, sin embargo, no existe espacialmente. En cambio, vibra en una frecuencia mucho más alta que nuestro mundo material.

Piense en el plano astral como el rascacielos más alto del mundo, pero infinitamente más alto. Cada piso es un subplano en el astral, con sus propias cualidades, ocupantes, reglas, física y energía. Los pisos más cercanos a la parte inferior son de vibraciones más bajas. Ahora bien, "más bajo" no es necesariamente malo; solo significa que la energía aquí es más densa. Estos planos son los más cercanos a la Tierra. Lo más probable es que, cuando abandone su cuerpo por primera vez, sea aquí donde vaya a parar. Encontrará a otros proyectores como usted, así como a aquellos que realmente viven en estos planos.

Todos sus cuerpos

Tiene al menos seis brazos, seis piernas y tres cabezas. Antes de que vaya a palparlos, permítame aclararlo. Tiene tres cuerpos:

- Físico
- Astral
- Causal

Su cuerpo físico también se llama cuerpo bruto. No, no "bruto" como en feo, sino como en obvio. Lo puede ver. Ya conoce el aspecto de su cuerpo físico, así que le ahorraré una recapitulación de Biología 101. Es el cuerpo que utiliza para hacer las cosas humanas cotidianas en este mundo humano ordinario.

Según el vedanta, este cuerpo se llama **Sthula sarira** y tiene tres fases principales: ***Sambhava***, que es el nacimiento; ***Jara***, que significa vejez; y ***Maranam***, o muerte. Además, este cuerpo tiene cinco elementos: ***Vayu*** o aire, ***Prithvi*** o tierra, ***Agni*** o fuego, ***Apas*** o agua y ***Akasha*** o éter. Para reponer estos elementos, debemos comer bien, practicar la atención plena y la meditación, y considerar el yoga. La práctica tiene posturas que recargan cada elemento del cuerpo. Al morir, los elementos se separan unos de otros.

Su cuerpo astral es el cuerpo que tiene sus centros de energía o chakras. En el vedanta, es el **Suksma sarira**. Este es su cuerpo energético, el que lo conecta con Todo lo que Es, o la materia de la vida misma. Esta vida también se llama Prana o Qi. Mantiene su cuerpo físico funcionando correctamente. Cuando su mente está nublada con pensamientos y emociones negativas, la fuerza vital no puede moverse libremente por su cuerpo.

Este cuerpo tiene pensamiento emocional y fuerza vital. Cuando está despierto, puede tener dificultades para conectarse con el cuerpo astral. Sin embargo, cuando está profundamente dormido y soñando, se mueve principalmente en su cuerpo astral. Con este cuerpo, puede sentir dolor o placer. Está intrínsecamente conectado con sus sentidos, su intelecto y su mente. Le ayuda con las funciones involuntarias del cuerpo, como el metabolismo, la respiración, la digestión y la circulación. También mantiene la salud del cerebro, el esqueleto y los músculos.

Este cuerpo suele estar modelado a partir del físico, pero no es necesario que mantenga esa forma. Recuerdo la primera EFC que tuve cuando me di cuenta de que podía ver todo a mi alrededor a la vez. No era porque tuviera ojos en toda la cabeza, sino porque lo que realmente somos es conciencia. En viajes anteriores, veía las cosas como si estuviera mirando a través de mis ojos normales. En esta ocasión, pude ver toda la habitación desde múltiples ángulos al mismo tiempo. Ese es solo uno de los fenómenos alucinantes que puede experimentar durante sus exploraciones astrales.

Otra cosa intrigante de estar en su cuerpo astral es que se dará cuenta del poder de sus pensamientos. Será testigo de cómo cobran vida y notará que las cosas se adaptan con la misma rapidez con la que usted cambia de opinión sobre ellas. Cuando comience su práctica, observe este poder del pensamiento que posee y comprenda que así es exactamente cómo funciona el mundo físico. La única diferencia es que sus pensamientos deben moverse a través del espacio y el tiempo para manifestarse en la Tierra.

Su cuerpo causal posee toda la información sobre usted y sus muchas vidas, presentes y pasadas. Es el **Karana sarira**. Puede conectar con su cuerpo causal desde un lugar de sueño profundo en el que los pensamientos o las emociones no le aturden. Este cuerpo tiene todos los datos sobre sus deseos, esperanzas, miedos y percepciones. Se llama cuerpo "causal" porque afecta a su conciencia de vigilia, así como a sus estados de sueño. Al morir, los cuerpos causal y astral abandonan el físico.

Al parecerse a la luz, el cuerpo astral ya es lo suficientemente delicado como para percibirlo desde la conciencia de vigilia. El causal es aún más sutil que el astral. Guarda un registro de todos los karmas de todas sus vidas. Es gracias a la información que posee que tiene el carácter que tiene en este momento. El Creador trabaja a través del cuerpo causal para conectarse con todos nosotros, dándonos revelaciones divinas sobre cómo vivir una vida alegre, ¡si tan solo pudiéramos escuchar!

Esta doctrina de los tres cuerpos es muy apreciada en la filosofía hindú. El cuerpo físico, que sobrevive con la comida, es el más frágil y el primero en desaparecer. El cuerpo astral se nutre de emociones, pensamientos y sentimientos. Por lo tanto, puede durar mucho más tiempo. Por último, el cuerpo causal es el que más tiempo vive, pues recibe vida del proceso de descubrimiento de uno mismo, así como de la paz. Para que sepa, no hay forma más estupenda de encontrarse a sí mismo que interactuar con el reino astral.

Mente: Cementando sus cuerpos

Antes de coger un vaso de jugo, piense primero en hacerlo en su mente. Se ve a sí mismo extendiendo la mano, siente el vaso frío, lo sostiene y se lo lleva a los labios en su mente antes de hacer un movimiento real físicamente. Lo mismo ocurre con los cuerpos mental y causal. No puede hacer funcionar ninguno de sus cuerpos sin usar su mente.

Tristemente, mucha gente asume que no puede controlar sus pensamientos y emociones. Creen que cada pensamiento que tienen es verdadero. Sin cuestionar, aceptan esos pensamientos y los sentimientos que surgen con ellos, incluso cuando hacer eso no les sirve. Debe comprender que la mente es una herramienta. Es una máquina destinada a servirle. Si va a disfrutar de sus viajes astrales, y a crecer gracias a ellos, debe saber que su mente es una herramienta que utiliza.

Usted no es sus manos, pies u ojos, sin embargo, utiliza estas cosas como herramientas. Debe ver su mente de la misma manera y dominarla. ¿Recuerda que mencioné que el plano astral es muy sensible al pensamiento? Seguramente puede ver por qué vale la pena controlar su mente. Para ser un viajero astral exitoso, debe entrenar su mente para aceptar que el viaje del alma es algo seguro y fácil de hacer. De esta manera, tiene una mayor posibilidad de éxito. Su mente puede lograr hazañas asombrosas porque la fuente es, literalmente, la fuente de su poder.

La mayoría de la gente deja que su mente se desborde, a veces hasta el punto de desear poder escapar de su propia cabeza. Si se siente identificado con este sentimiento, sepa que puede recuperar el control. El primer paso es darse cuenta de que **usted no es su mente**. Lo siguiente que necesita hacer es comprender que *los pensamientos de su mente solo son verdaderos SI los acepta como tales*.

¿Quién es usted?

Así que, acaba de descubrir que tiene al menos tres cuerpos, cinco si nos atenemos a la explicación de Sadhguru: el físico, el mental, el energético, el etérico (astral) y el de la felicidad. Además, acaba de aprender que no es su mente. Tampoco es su cuerpo. Es comprensible que eso le haga preguntarse sobre su verdadera identidad. Para que atravesar los mundos más sutiles, debe saber quién es. Es la Fuente misma, que tiene una aventura interminable aquí en la Tierra como ser humano.

Como explica Maharaj Jagat Singh en *la ciencia del alma*, su alma descendió al reino de la mente y luego se alejó más de su ser real hasta que olvidó quién era realmente. Olvidó que es el Alfa y el Omega, que no muere. En su lugar, eligió pensar en sí mismo como un cuerpo. Pasó de ser el cuerpo causal en el plano causal a identificarse como cuerpo astral en un reino lleno de ilusión. Finalmente, bajó al mundo material, revestida de carne, además de sus revestimientos astral y causal. Por esta razón, la luz del alma suele ser tenue en este mundo. Muchos le llamarían loco si sugiriera que no son sus cuerpos, mentes, identidades, títulos de trabajo, nombres, etc.

Por muy tenue que sea la luz de la mayoría de las almas, el hecho es que no se puede apagar esa luz por completo. Noche tras noche, seguimos soñando. Trascendemos nuestros cuerpos físicos para llevar a cabo otras actividades en reinos no físicos. Solo que algunas personas son conscientes de sus viajes y de lo que hacen en esos momentos, mientras que otras no lo son. Está leyendo este libro, lo que significa que le gustaría dominar su vida astral. Decidir tomar conciencia de los otros aspectos de sí mismo es una elección sólida. Con dedicación y paciencia, disfrutará de todos los beneficios de su mayor conciencia en la vida cotidiana.

Capítulo 2: ¿Qué es la proyección astral?

Ahora hablemos de la proyección astral, no de la banda israelí que toca el trance psicodélico, sino del fenómeno en sí. La proyección astral, o viaje astral, es el proceso de tener deliberadamente una experiencia fuera del cuerpo. Es la separación del cuerpo astral del físico para viajar en el plano astral.

Aunque el término fue acuñado por los teósofos del siglo XIX, este fenómeno es tan antiguo como el ser humano y abarca varias culturas. Además, existen múltiples medios para lograr el viaje astral. Por ejemplo, algunos utilizan la meditación, y otros las técnicas de relajación y visualización y la hipnosis. Por último, algunos utilizan alucinógenos, pero eso está fuera del alcance de este libro y no se recomienda.

Sadhguru habla de la proyección astral como la separación de su cuerpo etérico del físico. Como es un tema tan candente hoy en día, algunos charlatanes impulsan la idea de que solo se trata de acostarse y visualizar o imaginar que está fuera de su cuerpo. Eso no es en absoluto. La proyección astral no es imaginación. Sentirá una clara sensación de que está saliendo de su cuerpo físico. Podrá ver su cuerpo en la cama o la silla o dondequiera que lo haya dejado, en el sentido más literal de la palabra "ver". No se trata de una fantasía.

Recuerde, no es ninguno de sus cuerpos, y tampoco es su mente. Aunque suene raro, es cierto. Lo que es, en su núcleo, es pura conciencia. Así que, como ve, cuando se proyecta astralmente, se desvía la conciencia del plano físico para centrarse en el astral a través del cuerpo astral.

Cuando utilice las técnicas adecuadas, podrá abandonar su cuerpo e ir a donde le plazca. Puede visitar lugares físicos de todo el mundo o lugares que no conocemos aquí en la Tierra. Puede volar a través de las nubes, o mi favorito personal, hacer un viaje al espacio exterior, donde los colores de cada estrella y planeta estallan con color y vida. Puede conectar con otros viajeros astrales o curarse a sí mismo o a un ser querido. Puede recibir inspiración para su próximo libro o pintura o recibir instrucciones de sus guías sobre temas que le interesan. Puede obtener claridad sobre lo que debería hacer con su vida o incluso echar un vistazo a lo que el futuro puede tener reservado para usted o el mundo en su conjunto.

Puede hacer todo esto y más porque el reino astral es la quinta dimensión de la vida, lo que significa que este reino está fuera de los confines del tiempo y el espacio. Por lo tanto, el pasado, el presente y el futuro existen en el interminable ahora, por lo que puede aprender lo que quiera.

Proyección astral versus sueño lúcido

El sueño lúcido y la proyección astral son fantásticos, pero no son lo mismo. Los sueños lúcidos son subjetivos. Son sus propias experiencias y le permiten jugar con infinitos escenarios. Sin embargo, la proyección astral es objetiva porque los planos que visita realmente existen, y al igual que en el reino físico, tienen sus propios límites y leyes.

Los sueños lúcidos ocurren cuando se despierta en sus sueños. Los sueños pueden ser bastante absurdos y sin sentido. Podría estar corriendo por la calle con su traje de cumpleaños exigiendo ver al príncipe de Tombuctú, y no le parecería extraño. La razón es que cuando duerme, las facultades críticas de su cerebro también se toman un descanso. Esto significa que no se cuestiona ninguna de las rarezas que ocurren. La lucidez se consigue cuando se despierta en el sueño y se da cuenta: "¡Eh, estoy soñando!".

Normalmente, cuando la gente se da cuenta de que está lúcida en un sueño y no ha tenido mucha práctica en controlar su mente, se excita demasiado. Por desgracia, esta excitación hace que vuelvan a pensar que el sueño es real o que se despierten por completo.

Aquí hay algo súper genial que debería saber. Puede proyectarse astralmente *desde* un sueño lúcido. Todo lo que tiene que hacer es intentar encontrar su cuerpo físico, y ahora se está proyectando astralmente. Haga lo que haga, no se acerque demasiado a su cuerpo, o probablemente se despertará. Además, puede experimentar una extraña sensación de bilocación, es decir, puede sentir que es dos personas, en dos cuerpos (astral y físico) a la vez. Con la práctica, debería resultarte fácil desplazar su conciencia hacia el astral, para poder seguir con sus viajes.

La proyección astral es otra cosa. No sueña. Entra en un estado en el que su mente está despierta y su cuerpo dormido, y entonces realiza el procedimiento de salida que mejor funcione. Experimentará que su cuerpo astral se separa de su forma dormida. De nuevo, nada de esto es imaginación. Sentirá sensaciones vibratorias reales, oirá sonidos fuertes, tal vez voces, tal vez cantos. Cuando se esté proyectando astralmente, lo sabrá sin lugar a dudas.

En un sueño lúcido, puede controlar a todos y todo lo que le rodea. Por ejemplo, puede volver el cielo amarillo o construir un avión entero con malvaviscos. Puede hacer que alguien parezca un payaso o una hormiga. No hay nada que esté fuera de sus límites.

Cuando se trata de la proyección astral, las únicas cosas que puede manipular así son todas las que tienen que ver con su persona. Puede cambiar su aspecto, darse un cuerpo o un rostro diferente, conjurar las herramientas que necesite, etc. Sin embargo, no puede controlar a las personas y otras entidades con las que se encuentra porque tienen libre albedrío como el suyo. Al igual que usted, son seres sensibles. Al igual que no le gustaría que alguien intentara dictar su vida, a ellos tampoco les gusta. Cuando se trata del medio ambiente, puede que no le resulte fácil controlarlo emitiendo órdenes. Necesitará generar energía utilizando su intención para conseguir que cumplan sus órdenes.

Proyecciones espontáneas versus proyecciones deliberadas

La proyección astral deliberada, obviamente, ocurre cuando el viajero decide conscientemente ir a visitar ese plano. Hay una planificación, y sabe exactamente lo que va a hacer cuando salga de su cuerpo.

Ahora abordemos los viajes espontáneos. Me sentí atraído por la exploración de la conciencia porque tuve mi primera proyección cuando era niño. Fue inesperada, y dio bastante miedo, pero solo porque no era consciente de lo que estaba pasando en ese momento. Antes de esa experiencia, solía tener problemas con la parálisis del sueño, que es cuando su mente se despierta antes que su cuerpo, y no puede moverse. La razón por la que esto ocurre es que, cuando duerme, su cuerpo apaga todas las funciones motoras no esenciales para que no actúe en sus sueños. Así que, cuando su mente está despierta y su cuerpo no se ha dado cuenta, se queda ahí, sin poder moverse. Si entonces hubiese sabido lo que sé ahora, ¡habría comenzado mi exploración mucho antes!

Mi experiencia fue aterradora porque podía ver mi cuerpo, y estaba flotando hacia arriba y lejos de él, hacia el techo. Cuando llegué al techo, el miedo se multiplicó por cien al pensar: "Así es como muero. No estoy preparado para el juicio".

Viniendo de un entorno religioso que implicaba mucha culpabilidad, puede ver lo aterradora que debió ser la idea de la muerte para un adolescente. Con ese pensamiento, sentí que una fuerza como una mano gigante empujaba mi cuerpo astral hacia abajo, y me reuní con mi cuerpo físico.

Supe que era real porque todo en la habitación parecía y sonaba igual, y estaba tumbado en la misma extraña posición en la que estaba, al estilo de un ataúd. Tardé unos diez años en tener el valor de investigar lo que me había sucedido. Resulta que fue una proyección astral espontánea. No se planea que ocurran. Simplemente ocurren, lo quiera o no.

¿Ha sentido alguna vez extrañas e intensas vibraciones que recorren su cuerpo cuando se despierta un poco, en medio de la noche, demasiado cansado para salir de la cama? ¿O ha experimentado alguna vez el fenómeno de la parálisis del sueño? Entonces sepa que cada una de esas veces, estuvo muy cerca de tener una proyección astral espontánea.

A veces, durante estas proyecciones espontáneas (así como las deliberadas), puede recibir ayuda de otro ser o viajero para abandonar su cuerpo. Puede que le agarren de las manos o de los pies para ayudarle a salir. (Otras veces, nadie le ayuda y se trata de alucinaciones hipnagógicas). Sin embargo, como la mayoría de las personas no están familiarizadas con el astral y con el funcionamiento de la mente en él, se aterrorizan. Ese miedo les hace malinterpretar lo que está ocurriendo. Lo que podría haber sido un ser benévolo que le ayuda, se malinterpreta como un demonio que intenta arrastrarle al infierno o algo así.

Pruebas científicas de la proyección astral

El 1 de diciembre de 2011, la CIA desclasificó en parte una copia aséptica de un documento sobre la proyección astral. Durante la Guerra Fría, al viajero se le encargó viajar a la URSS para localizar una instalación específica. La encontró y dio las coordenadas precisas de su ubicación. El viajero también proporcionó muchos detalles valiosos sobre su aspecto exterior. Por ejemplo, dijo que había antenas parabólicas, helipuertos y otras cosas en el lugar. El viajero también se enteró de que, además de recibir el enlace descendente del satélite soviético, las antenas también se utilizaban para interceptar el enlace descendente de los satélites estadounidenses.

Ahora llega el momento de la verdad. La CIA fue a buscar esta instalación, y lo hizo. Aunque había un número diferente de antenas parabólicas en varias dimensiones de lo que el viajero compartía, estaban allí igualmente.

En otro experimento doblemente ciego, la CIA dio al viajero las coordenadas de una pequeña isla en el océano Índico ocupada por los soviéticos. Los experimentadores no tenían esta ubicación en su mapa. Incluso pensaron que el viajero no encontraría más que agua, hasta que el sujeto comenzó a dibujar un mapa a gran escala, necesitando más y más hojas de papel. Cuando terminó, la CIA juntó todas las hojas y lo que encontró fue una coincidencia precisa de la isla. Era un dibujo tan preciso que también detallaba la topografía de la isla. El viajero también fue capaz de decirle a la CIA exactamente lo que estaba sucediendo allí. Estos son solo dos de los experimentos con viajes astrales documentados por la CIA.

Haga una búsqueda rápida en Google sobre la proyección astral. Encontrará muchos que intentan desacreditarla, desde los que dicen: "Bueno, es y no es real", hasta los que la tachan de pseudociencia que no merece la pena explorar. Los verdaderos viajeros astrales consideran que la confianza con la que los detractores descartan este fenómeno es alucinante en el peor de los casos e hilarante en el mejor. Sin embargo, el escepticismo es comprensible, ya que se trata de algo que una persona necesita experimentar por sí misma para aceptarlo como válido. Sin experiencia personal, los escépticos piensan que los viajeros astrales están locos. Si son educados, dirán algo como que solo son las neuronas de su cerebro haciendo "cosas de neuronas".

Supongamos que está dispuesto a pasar de la primera página de Google (o a utilizar un motor de búsqueda diferente) para indagar en una investigación que no comience tratando de desprestigiar o refutar los viajes astrales. En ese caso, encontrará mucha información que demuestra que las EFC pueden ser verificadas científicamente. Los escépticos deben tener en cuenta que la comunidad científica consideraba que los sueños lúcidos eran "irreales" hasta hace tan solo cuatro décadas.

Para profundizar en este fenómeno, debería consultar los libros de Robert Monroe, Robert Bruce, Hereward Carrington, Oliver Fox, Sylvan Muldoon y Graham Nicholls. Estos pioneros son la razón por la que los viajeros astrales de hoy en día han avanzado tanto en sus descubrimientos sobre el reino astral y la mecánica de la salida del cuerpo. Además, no tuvieron miedo de explorar este asunto "marginal" en una época en la que la ciencia y la religión convencionales aceptaban aún menos que ahora los temas tabúes. Por ello, les debemos un mundo de gratitud.

La mente es la clave

Ya se ha mencionado este tema antes, pero es tan vital que vale la pena repetirlo. Sus hábitos mentales y su capacidad para controlar su mente le servirán significativamente cuando comience el viaje astral. He aquí por qué necesita mantener su mente "en mente", por así decirlo, antes de iniciar su viaje.

1. Debe aceptar mentalmente que *puede* abandonar su cuerpo. Si no acepta esto, simplemente está haciendo el proceso mucho más complicado. Pregúntese por qué se resiste a la idea. Podría ser el resultado de los temores que tiene sobre el fenómeno. Esos miedos se solucionarán muy pronto. Una vez que comprenda en qué se está metiendo, sabrá que no hay razón para tener miedo. Su mente será más receptiva. Necesita darse cuenta de que muchas de las historias de horror que ha leído sobre los viajes astrales son el resultado del estado mental en que se encontraban los proyectores.

Las mentes temerosas atraen experiencias a las que temer. Recuérdelo.

2. Debe estar en el estado mental adecuado cuando se proyecta. Por ejemplo, supongamos que ha tenido un día terrible en el trabajo. En ese caso, está estresado, ansioso por algo, se siente enfadado u odioso. No debería viajar al plano astral en ese estado de ánimo. Hay una gran posibilidad de que todo lo que encuentre en el mundo astral sea de baja vibración energética, lo que significa más experiencias aterradoras para afrontar. Cuando esto ocurra, lo más probable es que no quiera volver a proyectarse, y su mente actuará con eso y lo bloqueará siempre, pase lo que pase.

3. Su mente es la principal forma de controlar las cosas en el mundo astral. Olvídese de la física. Su mente es la forma en que se mueve y determina sus experiencias. Piense en volar, y lo estará haciendo. ¿Quiere ir a algún sitio? Piense en estar allí, y allí está. Piense en ver a alguien, y ahí está. Por lo tanto, es lógico que cuando se encuentre con seres de aspecto aterrador, dejar que su mente se deleite con el miedo hará que todo sea peor.

En resumen, el trabajo de su mente es ayudarle a darse cuenta de que puede proyectar. También debe ayudarle a relajarse lo suficiente como para permitir que se produzca el fenómeno y mantener el control de sus reacciones e impulsos en el astral.

Otra cosa es que la mayoría de los que viajan por primera vez se emocionan tanto al ver sus cuerpos que se sienten atraídos de nuevo antes de poder explorar. Es comprensible estar emocionado, pero hay que controlarlo y mantener la calma. La manera de hacerlo es ensayar todo el viaje en su mente. Véalo de principio a fin, afinando los detalles que deba. Cuanto más se imagine viendo su forma de dormir, menos novedoso será cuando finalmente abandone su cuerpo. Si no se siente absorbido por el cuerpo, tendrá más tiempo para acostumbrarse a su entorno astral y ejecutar su plan sin ninguna presión.

Capítulo 3: Qué esperar

Así que quiere ir a una aventura astral. Pues bien, es conveniente que sepa en qué se está metiendo y qué puede esperar en su viaje.

Vibraciones

La mayoría de los proyectores astrales experimentados pueden hablarle de las vibraciones. Cuando es la primera vez que las experimenta, pueden resultar bastante molestas. Como he descrito antes, se siente como si le electrocutaran, pero no hay dolor. Las vibraciones son simplemente muy intensas cuando llegan. Cuando comience a sentir las vibraciones, lo mejor es dejar que hagan lo suyo y mantener la mente lo más tranquila posible.

Algunas personas asumen erróneamente que las vibraciones son las que causan la proyección. Esa sensación es simplemente un subproducto de lo que está ocurriendo en su interior a nivel energético mientras agita su cuerpo astral. Durante la etapa vibratoria de la proyección astral, cualquiera que le observe verá que su cuerpo físico parece estar perfectamente bien y no está vibrando en absoluto, a pesar de lo que está sintiendo.

A veces, puede tener la sensación de que la vibración solo se produce en partes específicas de su cuerpo. Esto significa que su cuerpo astral se está formando en esas partes. Puede sentir que están flotando fuera de su cuerpo normal. Esto no es nada para alarmarse. Esto sucede porque esas son las partes de su cuerpo que están completamente relajadas y libres de tensión. Si carga con tensión en alguna parte de su cuerpo, puede encontrar su cuerpo astral atascado en ese punto cuando intente salir. Por eso debe emplear una técnica de relajación profunda antes de intentar salir de su cuerpo.

Distorsión de la física

Hay algunos planos en los que el mundo astral parece imitar completamente la física del físico, pero no siempre es así. La mayoría de las veces, notará que las cosas son muy extrañas. Podría sostener su teléfono móvil, o al menos la copia astral del mismo, y preguntarse por qué se siente tan ligero como un trozo de papel. Podría caminar y sentir que sus pies se despegan del suelo durante varios segundos más de lo habitual.

Puede atravesar paredes, dejarse caer por el suelo, saltar por el techo. Puede llegar al espacio exterior en tres segundos. Las reglas del mundo físico desaparecen por completo.

Mente dividida

Puede que note una sensación de bilocación o dualidad, en la que es como si estuviera en dos cuerpos diferentes a la vez. Pero, por supuesto, su conciencia es ilimitada, así que no es tan exagerado considerar el hecho de que realmente puede estar en dos lugares (¡al menos!) al mismo tiempo.

Su cuerpo no queda como una cáscara vacía cuando cambia su conciencia al astral. Su conciencia sigue allí. Así que, aunque *Detrás de sus ojos* (2021) fue una serie excelente, su sugerencia de que su cuerpo puede ser poseído por otra persona es completamente ridícula y nada de lo que deba preocuparse.

Este fenómeno de división de la mente ha llevado a la suposición de que cosas como los "vigilantes astrales" y los "centinelas" existen y requieren que lance hechizos de protección contra ellos para estar a salvo. Desgraciadamente, muchos no se dan cuenta de que siempre está uno a salvo, y que tiene un cordón de plata que le mantiene vivo. Le conecta a su cuerpo y no puede ser cortado excepto cuando muere. Por lo tanto, no hay nadie vigilando y esperando para abalanzarse sobre su cuerpo "vacío".

Líbrese de la noción de que su cuerpo está vacío cuando va a explorar. Tiene que hacerlo, porque saber esto le ayudará a recordar mejor sus viajes. Todo lo que necesita aprender entonces es cómo descargar las experiencias que tuvo en su forma astral en su cerebro físico.

Fluctuaciones de la realidad

Como nuevo proyector astral, tendrá que enfrentarse a las fluctuaciones de la realidad cuando haya abandonado con éxito su cuerpo. Un segundo, está en su habitación, y al siguiente, está en la hamburguesería viendo a la gente pedir... automóviles.

Una posible razón por la que esto sucede es la falta de control sobre la mente. La mayoría de la gente siempre está pensando. Probablemente se sienta identificado con el hecho de tener un parloteo constante en su cabeza, día tras día. Puede que vea algo o a alguien que le haga pensar en un pensamiento en el reino astral, y ese pensamiento se manifiesta ante sus ojos, aumentando la fluctuación. Su mente subconsciente demuestra su poder ante sus propios ojos. Esta parte de su mente es capaz de crear el más intrincado e impresionante de los mundos en cuestión de segundos. Si está lleno de miedo, puede apostar que su subconsciente generará escenarios que le harán gritar por su madre.

¡Se derrite!

Siempre que trate de mirar de cerca las partes de su cuerpo astral cuando esté fuera de casa, notará que se derriten en cuestión de segundos. Esto es especialmente cierto cuando se trata de las manos. Mira a lo lejos, y todo se siente bonito y sólido, pero vuelve a mirar, y notará que se está estirando y derritiendo. Del mismo modo, sus dedos pueden parecer ridículamente largos, o puede que tenga demasiados. No se preocupe por nada de esto. Si le molesta, mire hacia otro lado y vuelva a mirar, y deberían estar bien de nuevo. Lo intrigante es que ninguna otra cosa que mire se desvanecerá mientras la observa: solo usted.

Ya que hablamos de las manos, si alguna vez le parece que su entorno es demasiado inestable, lo único que tiene que hacer es mirarse las manos. Por alguna razón, esto enviará una pequeña onda de choque desde el cuerpo astral al físico. Esto ayuda a mantener las fluctuaciones bajo control y evita que se olvide de que está proyectando.

Todo aquí, todo ahora

No se sorprenda si se encuentra en un período diferente de la Tierra, ya sea pasado o futuro. Por supuesto, todo existe ahora, pero experimentamos un tiempo lineal y no un tiempo simultáneo porque vivimos en un mundo de tiempo y espacio.

Es posible entrar en las vidas de sus yos pasados y futuros, así como en todos los demás yos alternativos que existen. Es una forma fascinante de explorar las opciones que quizá quiera tomar para sí mismo en su vida actual y que quizá nunca hubiera considerado si no se hubiera dejado caer por sus otras vidas.

Historias de Proyección Astral

Salir de mi cuerpo por primera vez

Después de estar atormentado por el recuerdo de mi proyección espontánea, finalmente decidí investigar lo que me había sucedido. Me quedé impresionado. Luego, cuando descubrí que era algo que podía inducir deliberadamente, supe que tenía que intentarlo. Recuerdo que mucho antes de tener esa experiencia, un chico del colegio hablaba de que la gente podía salir de su cuerpo y viajar por el mundo. Yo creía que era una tontería, pero resulta que estaba equivocado.

Cuando descubrí que la proyección astral podía inducirse deliberadamente, ya llevaba meses aprendiendo sobre los sueños lúcidos y esforzándome por llevar un diario de sueños, haciendo comprobaciones de la realidad, etc. Así que pensé que no podía ser tan difícil. Intuitivamente, sabía que esta vez podría salir a propósito.

Me tumbé y me eché una siesta con la intención de abandonar mi cuerpo y hacer todo lo posible por mantener mi mente alerta. Lo siguiente que supe fue que empecé a sentir intensas vibraciones que recorrían mi cuerpo. Las vibraciones eran tan intensas que parecía que me estaban electrocutando, pero de una forma que resultaba agradable y se hacía más y más placentera a medida que me relajaba en ella. No podía creerlo. ¿Qué estaba pasando?

A continuación, quise que mi cuerpo astral abandonara el físico. Al principio, fue un poco difícil. Imagine que se quita una goma de mascar del pelo. Eso es lo que sentí, excepto que mi cuerpo astral era la goma de mascar y el físico no parecía querer soltarlo.

Finalmente, salí de mi cuerpo y miré alrededor de la habitación. No miré a mi cuerpo porque había leído que no debía hacerlo, o me volvería a absorber. Así que di unos pasos hacia la puerta, pero luego tuve que detenerme porque de repente me di cuenta de que no existe la muerte o la finalidad de la misma tal y como la concebimos.

Me di cuenta de que lo que realmente somos es mucho más. Somos inmortales. También me di cuenta de que la vida es realmente un juego. Es real, de acuerdo, pero nos la tomamos demasiado en serio y nos olvidamos de los seres eternos que somos. Estos conocimientos me llegaron de golpe, como si un bloque de pensamientos se hubiera descargado en mi mente.

Con ello, volví a mi cuerpo. Fue como si una inteligencia me hubiera informado telepáticamente de que eso era suficiente para una sesión. Desde aquella experiencia, me he vuelto más audaz en la vida, he perdido todo el miedo a la muerte y tengo agradables experiencias psíquicas todos los días. Esta singular experiencia también me ayudó a deshacerme de la depresión y la ansiedad.

Proyección a los siete años

La forma favorita de Katy para proyectarse astralmente es a través de los sueños lúcidos. Cuando decidió proyectarse por primera vez, intentaba salir de su cuerpo, pero no lo conseguía. Así que, eligió aprender a soñar lúcidamente, haciendo todo lo posible por recordar sus sueños, para poder saber cuáles eran las señales del sueño. Esas señales del sueño la alertarían del hecho de que estaba soñando y la ayudarían a lograr la lucidez.

Pronto, se proyectó con éxito desde un sueño. En cuanto se dio cuenta de que estaba lúcida, generó una sensación de caída en su interior para convertir el sueño lúcido en una proyección astral. Lo siguiente que supo fue que pasó de estar en el parque a estar de nuevo en su habitación, pero no estaba en la cama. En cambio, se veía a sí misma en la cama.

Vio cómo su cuerpo físico se agitaba, y en su interior, se sintió extraña. Era como si su cuerpo físico se diera cuenta de que la observaban y sintiera un poco de miedo. Entonces, intuitivamente, decidió comunicar a su yo físico que todo estaba bien. En ese momento, se sintió de pie junto a la cama *y* tumbada en ella. Entonces, incapaz de contener su excitación ante la sensación de ser más de una persona, se encontró de nuevo en su cuerpo, despierta.

Lanzado al espacio exterior

Me quedé quieto en la cama, dejando que las vibraciones me invadieran, esperando a que todo se equilibrara bien. Entonces, salí de mi cuerpo y me dirigí inmediatamente a la puerta, desesperada por alejarme de mi forma dormida, para no ser absorbida de nuevo.

Era de noche cuando salí. El cielo estaba lleno de estrellas, mucho más claro y hermoso que en mi vida normal de vigilia, donde las luces de la ciudad hacen que el cielo nocturno sea un poco más difícil de apreciar. Pensé en planear, no demasiado alto porque en ese momento tenía miedo a las alturas, pero sí lo suficiente como para mirar los tejados de mi barrio y viajar desde allí.

Di un ligero golpe en el suelo con el pie derecho y lo siguiente que supe fue que me lanzaron hacia arriba y fuera del suelo como un cohete. La velocidad era intensa. El hecho de que el suelo, luego mi vecindario y después toda la Tierra se alejara rápidamente casi me hizo entrar en pánico. Para tranquilizarme un poco, me agarré a la muñeca y presioné con fuerza. Entonces me detuve.

En ese momento, miré a mi alrededor, y allí estaba la vista más impresionante que había visto en toda mi vida. Había todo tipo de estrellas, planetas, lunas y otros restos. No se parecía en nada al universo que había visto en los libros de texto, en la televisión y en Internet. Todo palpitaba con un cierto brillo. Los planetas tenían unos colores preciosos que no puedo describir porque no tienen un equivalente terrestre con el que relacionarlos. Entonces, tuve un bloqueo de pensamiento que me dejó claro que había viajado más allá del universo conocido.

Tuve un sentimiento de unidad con todo, una sensación de paz, de ser una versión más completa de mí mismo. Esto fue increíblemente humillante, en el buen sentido. Rompí a llorar porque no podía soportar lo hermoso que era todo. El sonido sin estruendo que escuché me llevó a niveles de éxtasis, cuando me preocupaba que pronto estallara y se convirtiera en parte de los escombros. Incapaz de mantener mis emociones bajo control, me desperté en mi habitación para encontrar mis mejillas húmedas de lágrimas y mi corazón lleno de nostalgia. Las palabras salieron de mi boca antes de que me diera cuenta de su significado: "Quiero volver a casa".

Ayudar desde la distancia

El padre de Brandon fue ingresado en el hospital por COVID-19. Durante semanas, no se permitió que nadie lo visitara. Luego, las cosas empeoraron cuando contrajo una neumonía bilateral y, además, sufrió un derrame cerebral. El padre de Brandon estaba en un estado muy crítico, luchando por su vida.

Brandon comenzó entonces a visitar a su padre a través del plano astral cada noche, para que no estuviera solo durante ese difícil período. Cuando Brandon se dio cuenta de que su padre podía verle, le animó telepáticamente a mantenerse fuerte y a aguantar. Le transmitió pensamientos de amor y apoyo y le hizo saber que toda la familia y todos sus amigos estaban pensando en él, rezando por él, esperando poder visitarlo algún día.

Finalmente, el padre de Brandon pudo recibir visitas, y su madre y su hermana fueron las primeras en visitarlo. La hermana de Brandon llamó para comunicarle que su padre acababa de decirle que Brandon había estado de visita todas las noches durante todo el tiempo. Mencionó que había visto a Brandon normalmente entre las 3 y las 5 de la madrugada. Su madre pensó que estaba loco, pero su hermana sabía que Brandon siempre se había proyectado astralmente y se lo recordó.

El padre de Brandon le transmitió el mensaje de que, por favor, pidiera a la enfermera que no hiciera tanto ruido en su próxima visita para poder dormir un poco. Así que, en su siguiente visita astral, Brandon envió un mensaje a las enfermeras por telepatía, pidiéndoles que no hicieran ruido. En respuesta, una de las enfermeras se acercó a donde estaba el padre de Brandon y cerró su puerta para que el ruido no le molestara. Finalmente, Brandon fue a visitar a su padre en carne y hueso, y este le agradeció su ayuda con las enfermeras, ya que pudo dormir bien por fin.

Un vistazo a una de mis vidas

Después de una sesión de exploración, tenía la intención de volver a mi cuerpo y registrar mis experiencias. En cambio, me encontré en el cuerpo de un soldado romano. Enseguida me di cuenta de que era yo en una vida pasada, pero conservando la conciencia de mi vida actual. Tuve un breve momento de diversión cuando me di cuenta de que mi pecho era más plano de lo que debería ser, y que tenía toda esa musculatura y fuerza.

La diversión se me pasó rápidamente al ver la escena que tenía ante mí. Era horrible. Sangrienta. Podía sentirme como mi yo actual y como el soldado romano, que me di cuenta de que era un legatus, un oficial romano de alto rango. El antiguo yo observaba con una especie de frío disfrute cómo mis hombres masacraban lo que quedaba del enemigo, saboreando el sonido del metal cortando la carne, de los hombres suplicando por sus vidas. El yo actual se sentía muy enfermo y asqueado por todo ello. Comencé a sentir una energía muy incómoda, casi como un campo de fuerza eléctrica que quería sacarme del cuerpo del hombre. Me permití con gusto salir de allí y me desperté, afortunadamente en mi propia habitación de nuevo.

Segunda parte: Prepararse para el plano astral

Capítulo 4: Superar las limitaciones de su mente

Su mente puede ser su mejor aliado o su peor enemigo. Es una herramienta neutra, que simplemente espera que programe órdenes para seguir. Lo más probable es que ya haya establecido patrones de pensamiento en lo que respecta a la espiritualidad. Si esos pensamientos le sirven, entonces es genial. Significa que ya está a mitad de camino del éxito para dejar su cuerpo.

Supongamos que esos pensamientos están llenos de superstición sobre un mal inexistente, o que son conceptos erróneos sobre fenómenos fuera del ámbito físico que sugieren que es una víctima impotente e indefensa. En ese caso, eso no va a ser un buen augurio para usted. Para comenzar, puede que ni siquiera seas capaz de salir de su cuerpo. Así que vamos a hablar más de la mente y de cómo hacer que trabaje para usted, en lugar de en su contra.

Su mente como barrera

Hay quien dice que hay que descubrir los pensamientos y creencias subconscientes antes de alcanzar finalmente los sueños. Esta escuela de pensamiento sugiere que esas creencias permanecen ocultas hasta que nos esclavizamos día y noche a través de la hipnosis y la terapia para sacarlas a la luz.

Si bien es cierto que el subconsciente es poderoso, este poder necesita ser canalizado a través de su mente consciente, sobre la que *sí* tiene control. Por ejemplo, supongamos que su mente subconsciente emite un pensamiento sobre que "nunca" podrá proyectarse astralmente. Le corresponde utilizar deliberadamente su mente consciente para aceptar esa creencia o reemplazarla por otra preferida de la manera más imparcial que pueda. Entonces su subconsciente comenzará a trabajar con la nueva idea. Cuando siente o piensa algo contrario, su trabajo es recordarse a sí mismo, a su subconsciente, con suavidad y amor, la nueva creencia que ha elegido. Eso es todo.

Aquí es donde voy con esto: si hay incluso una parte de su ser que siente fuertemente que *no* debe dejar su cuerpo, va a tener dificultades para salir, y sin mencionar el explorar ese maravilloso plano. Sin embargo, ya que no puede ir a hurgar en su subconsciente para encontrar las creencias que le restan poder, puede probar una forma mejor de meter la cabeza en el juego.

Primero, debe decidir que usted es el tipo de persona que siempre se proyecta astralmente. Decida que es así, que la proyección astral es fácil, siempre lo ha sido y siempre lo será. Claro, puede que esté empezando. Sin embargo, debe comenzar asumiendo la mentalidad de un profesional *que siempre está dispuesto a aprender algo nuevo y a mejorar.* Esto último es fundamental, porque si cree que ya domina todo lo que necesita saber, no se deja margen de crecimiento. Se volverá demasiado orgulloso como para considerar la posibilidad de probar nuevos métodos que al final pueden resultarle bien.

Una vez que ha decidido que es esta persona, lo siguiente que debe hacer es *preguntarse qué pensaría esta versión de sí mismo acerca de esta obsesión que tiene sobre el viaje astral.* Cuando hace esto, notará que empieza a idear razones convincentes de que sus temores son infundados. Desarrolla el valor y el control mental que necesita para aprender por sí mismo cómo es el otro reino.

Antes de empezar, acepte que este es un territorio desconocido. Por lo tanto, se encontrará con lo novedoso y lo extraño, y eso está bien. Sin embargo, si experimenta algo desagradable, no se cierre por miedo. En su lugar, sienta curiosidad por lo que ha experimentado, por qué ha sucedido y cómo puede manejarlo mejor la próxima vez.

Si permite que el miedo se apodere de su persona y le haga cerrarse, entonces ha permitido que su mente se convierta en una barrera para su éxito. Recuerde, la mente es una herramienta que le ha dado la fuente para servirle. Cuando tiene una experiencia que le asusta y la rehúye, es lo mismo que negarse a usar un martillo porque se le cayó en el dedo pequeño del pie aquella vez. ¿Se dice a sí mismo: "Nunca voy a tocar un martillo mientras viva"? Por supuesto que no. Lo que hace es aguantar, recogerlo y utilizar la herramienta con un agarre más firme.

La mente como canal del plano astral

Las leyes rigen todos los planos de la existencia, y el reino astral no es una excepción. La interacción con estas leyes se realiza a través de la mente. Incluso antes de mover su cuerpo físico, primero tiene esa experiencia de movimiento en su mente.

Afortunadamente, sabe la forma correcta de alcanzar una botella de agua. Tal vez, de niño, era más torpe al respecto. Tal vez golpeaba el vaso un poco y hacía que el agua chapoteara por los lados. Sin embargo, con el tiempo, trabajando con su mente, dominó el control motor adecuado. Ahora sabe cómo mover la mano para recoger el vaso sin incidentes. Lo mismo se aplica al uso de la mente para dominar cualquier habilidad o aprender algo nuevo, incluyendo el arte del viaje astral.

En los planos astrales, reina la ley de la atracción (que afirma que "lo semejante atrae a lo semejante"). Puede que piense que esa frase es una estafa de la Nueva Era, pero así es como funciona la vida, y se ve que esta ley se manifiesta aún más rápido en los planos superiores a este físico. Esta es una razón más por la que su mente puede ser una barrera para su éxito con el viaje del alma. Si piensa que no puede, entonces está en lo cierto. Si asume que tendrá éxito y que esto es fácil de hacer, también está en lo cierto.

Encontrará que todo es muy fluido en el plano astral, muy sensible a la intención y al pensamiento. Así, el principio de que lo semejante atrae a lo semejante funciona aquí increíblemente rápido, casi en un instante. Si tiene miedo de que haya algo siniestro, aterrador o malévolo que quiera atraparlo, eso es lo que ocurrirá. Sin embargo, si se calma y utiliza su mente para tener la intención y darse cuenta de que está a salvo, que es amado, y que se siente atraído solo por las altas vibraciones, entonces se encontrará con entidades que resuenan con lo que está poniendo ahí fuera. Encontrará que están llenos de amor y bondad y muy dispuestos y deseosos de ayudarle. En otras palabras, su tribu depende de su vibración.

Hágase cargo de su mente. Entienda que cualquier cosa en la que se concentre se magnificará en *gran* medida. Asuma que la suposición que tiene de sí mismo es que es una víctima, sujeta a los caprichos de quien sea y de lo que sea. En ese caso, va a crear situaciones en las que será la víctima. Usted atraerá a las entidades que le ayudarán a encarnar esa suposición—que *no* es lo que quiere.

Una mentalidad saludable que debiera tener es que es inmortal, poderoso y espiritual. Es una parte de la misma Chispa Divina, lo que significa que no tiene fin, y no puede ser herido. Es una parte de la Fuente, enmascarada como humana, teniendo una aventura divertida siendo un terrícola. Eso es todo. Puesto que es la propia Fuente, tiene toda la energía, el poder y la capacidad que necesita para permanecer a salvo de cualquier cosa que la vida le depare.

Mentalidad saludable para el viaje astral

En primer lugar, trate a otras entidades de la forma en que preferiría ser tratado. Después, trate a los demás de la forma en que ellos preferirían ser tratados. Esto puede parecer una paradoja, pero no lo es. La cuestión es que debe aceptar la existencia de todas las demás entidades como válida, comprender que son soberanas y que tienen su propio libre albedrío. Mientras no le impongan su voluntad, debería ofrecerles la misma cortesía.

Comprenda que siempre hay límites con los que hay que lidiar cuando se está en el reino astral. Hay excepciones para todo. Por ejemplo, una vez me encontré en una zona muy sólida donde no había absolutamente nada que pudiera manipular con la mente. No podía atravesar las paredes como antes. Esto era nuevo para mí después de muchos años de viajar en el astral.

Hablando de excepciones, el hecho de que tenga nociones preconcebidas sobre cómo debe ser el bien o el mal no significa que su primera suposición sobre una entidad sea válida. Afortunadamente, este es un plano que involucra a sus sentimientos. Por lo tanto, confíe en su intuición cuando trate con personas en el reino astral. Francamente, esta es una mentalidad saludable para tener en su mundo de vigilia también.

El miedo suele ser el resultado de la ignorancia. Por defecto, la gente teme lo que no entiende. Se necesita una persona genuinamente consciente para sentir curiosidad por sus miedos, de modo que pueda superarlos y crecer aún más iluminado. Dicho esto, me gustaría abordar algunos conceptos erróneos sobre el viaje astral para que sepa que no tiene nada de qué preocuparse.

Aclarar conceptos erróneos

La proyección astral no es peligrosa. Se proyecta astralmente todas las noches. Solo que no es consciente de ello y aún no domina cómo recordar sus exploraciones. Es tan peligroso como dormir. La diferencia es que usted elige ser consciente de lo que hace cuando se acuesta.

La parálisis del sueño es un fenómeno natural. No hay ningún "demonio sentado en su pecho". Es algo natural que le sucede cada noche, con la única diferencia de que esta vez ha sorprendido a su cuerpo haciéndolo.

Su cuerpo físico no está vacío y esperando ser poseído por un demonio. De nuevo, su cuerpo tiene su propia conciencia. No hay manera de que ningún ser pueda expulsarle de su propio cuerpo. Cuando se proyecta, envía una copia de su cuerpo energético para explorar el reino. Existe en múltiples dimensiones, siempre, todo el tiempo.

No morirá por proyectarse astralmente. Si alguien fallece mientras está fuera del cuerpo, se debe a una condición médica preexistente o a otra cosa. No puede morir por explorar la conciencia. Por lo tanto, no crea en las historias de terror.

Todo proyector astral está protegido todo el tiempo. No tiene que preocuparse de que alguien corte su cordón de plata, causando su muerte mientras se proyecta. Todos tenemos guías y nuestros Seres Superiores que nos cuidan. Estos seres son poderosos y se asegurarán de resguardarlo de todo daño. Además, sería prudente que asumiera que siempre está a salvo y es amado. De esta manera, no habrá nada de lo que tenga que protegerse.

Nunca podrá alejarse tanto de su cuerpo como para tener problemas para volver a él. Está conectado a su cuerpo de la Tierra por su cordón de plata. Puede que vea o no el cordón, pero está ahí, y solo se rompe cuando muere en el reino físico.

Para volver a su cuerpo más rápido, puede simplemente cerrar los ojos y pensar en su cuerpo en la cama. Luego, siéntese en la cama, y será teletransportado allí de inmediato. Además, sabe que, si su cuerpo físico experimenta cualquier perturbación, desde el ruido hasta la necesidad de orinar, se despertará de inmediato, lo quiera o no.

Liberar conscientemente los bloqueos mentales

Si le resulta difícil acceder al plano astral, es posible que tenga que enfrentarse a bloqueos mentales. Usted, como todo el mundo, puede haber asumido que todos sus pensamientos son verdaderos, y algunos de esos pensamientos pueden ser contraproducentes para el éxito de los viajes astrales. La afirmación "Pienso; por lo tanto, soy" es bonita pero perjudicial. En su lugar, debería ser: "Yo soy; por lo tanto, soy". Todo lo demás que pretende definir el "Yo Soy" o la conciencia pone un límite a su naturaleza naturalmente abundante e ilimitada.

La mejor manera de reprogramar su mente para que le dé los pensamientos que le gustaría es, en primer lugar, comprender que **todos los pensamientos son neutrales hasta que les da vida asumiendo que son verdaderos**. Luego, saber que constantemente está decidiendo lo que es verdadero para usted en cada momento. Incluso cuando no está decidiendo, ¡simplemente está decidiendo no decidir! Por lo tanto, también puede elegir deliberadamente que sus pensamientos preferidos y fortalecedores sean verdaderos para su persona.

Adicto al pensamiento

Deje de lado su adicción a pensar y a los pensamientos. Los pensamientos se repiten una y otra vez en un bucle. No es de extrañar que la mayoría de la gente los acepte como propios, cuando en realidad solo es la mente del mono buscando cosas que hacer. Así que, aquí está la forma de calmar al mono de su cabeza.

1. En primer lugar, busque un lugar cómodo donde pueda sentarse cómodamente en posición vertical. También puede acostarse si está seguro de que no se va a quedar dormido. Asegúrese de que lleva ropa suelta y cómoda y de que no le van a

molestar ni distraer durante al menos diez minutos, quince como máximo.

2. A continuación, cierre los ojos y separe ligeramente los labios.

3. Inspire por la nariz. Que sea una respiración amorosa y generosa. Deje que su conciencia trace el camino de su inhalación.

4. Exhale a través de los labios ligeramente separados, siguiendo la respiración con su conciencia.

5. Repita este ciclo una y otra vez hasta que note que su respiración y su pensamiento se ralentizan. Su cuerpo se relajará, cada vez más profundamente.

6. Coloque su conciencia en su chakra del corazón, que está justo entre los pulmones. Simplemente siéntese con su atención en ese centro de energía. Relájese con él.

7. Note cuando el siguiente pensamiento llegue a su mente. Note la forma en que surge mientras sigue manteniendo su conciencia en el chakra del corazón. No importa si la idea es negativa, positiva o neutra. No se preocupe por su significado. Solo note cómo surge y de dónde viene.

8. Observe si puede notar el espacio entre los pensamientos. Además, note el espacio del que surgió cada pensamiento.

9. Con su conciencia todavía en el centro de su corazón, observe si está pensando. Observa si usted es el pensador de esos pensamientos, o simplemente el observador, viendo como vienen. Note cómo no los ha provocado, sino que han aparecido por sí solos. Note la picazón que siente la mente para aferrarse a ellos, pero sea gentil y sin juzgar mientras lo hace. Mantenga su conciencia en el amor que fluye desde el centro de su corazón mientras nota el espacio del que provienen estos pensamientos.

Este es un ejercicio que no debería apresurarse. Además, cuanto más lo haga, más profundas serán las percepciones que obtendrá. Cuanto más desapegado se encuentre de sus pensamientos, lo cual es bueno, ya que está permitiendo que los pensamientos negativos vuelen de vuelta al lugar de donde provienen. Esta es una buena práctica para la paz en su vida.

Abra su mente

Hemos dominado la ciencia del viaje al espacio exterior. Es hora de dominar el viaje al "espacio interior". Esto es algo vital para toda la humanidad, ya que la conciencia de nuestra verdadera naturaleza resolverá muchos de los problemas a los que nos enfrentamos hoy en día. Sin embargo, el problema es que no se puede dominar la conciencia si ni siquiera se quiere mantener una mente abierta.

La actitud correcta que hay que adoptar es la de un niño que aprende a escribir el alfabeto. Cuando era joven, podría haber argumentado que no hay ninguna razón para que un trazo cuadriculado le dé el sonido "s" y que tampoco hay ninguna razón para que se escriba así. Sin embargo, no lo hizo. En cambio, se aprendió cada letra, y aprendió a leer y escribir cada una de ellas. Luego aprendió a combinarlas todas. Ahora tiene acceso a una información asombrosa de los libros porque *eligió* mantener la mente abierta y entender lo que los adultos estaban discutiendo.

Mantenga esta misma energía cuando se trate de la proyección astral. Mantenerse abierto significa que puede aprender cosas nuevas, y que crece gracias a sus exploraciones en la conciencia. Manteniéndose abierto es como mantiene su cuerpo y su alma ardiendo con pasión y alegría. Así es como encuentra más y más aspectos de sí mismo que no conocía. El objetivo de la vida es la expansión continua, que lleva a la alegría, que lleva a un mayor crecimiento. Así que, ¡manténgase abierto! Sienta curiosidad. Sabiendo lo que sabe ahora, ¿no le interesa aprender sobre todas sus vidas?

La curiosidad nunca mató al gato. Solo le hizo darse cuenta de que tenía más de nueve vidas, igual que usted.

Capítulo 5: El diario de sus sueños

Llevar un diario es una práctica potente que puede ayudarle a ver lo lejos que ha llegado en todas las áreas de la vida. En la misma línea, debe registrar con regularidad sus sueños para que pueda notar los patrones y temas que aparecen en ellos con el tiempo y aumentar su conciencia. Son un tesoro de información que puede ayudarle con las relaciones, los problemas y las actividades que realiza en su mundo de vigilia.

Beneficios de un diario de sueños

Reducción del estrés

Llevar un diario es una forma estupenda de revisar las cosas que puede haber elegido suprimir en lugar de enfrentarse a ellas. Las cosas que ocultamos pueden agravar nuestro estrés de formas que no podríamos detectar de otra manera. Cuando dormimos, mucho de lo que ocurre en nuestros sueños refleja nuestra vida de vigilia. Por lo tanto, escribir sus sueños le ayudará a darse cuenta de los patrones que aparecen y le ayudará a averiguar a qué puede tener que prestar atención en su vida física para poder solucionarlo.

Aumento de la creatividad

Cuanto más anote sus sueños, más se involucrará su lado creativo, que está fuertemente conectado a los sueños. Así, le resultará más fácil crear nuevas ideas y pensamientos, una ventaja si trabaja en un campo que requiere el pensamiento del cerebro derecho.

Mejora del recuerdo de los sueños

Seamos sinceros. Está leyendo este libro porque quiere experimentar más del otro mundo conscientemente. Los otros beneficios de la vida de vigilia son solo ventajas adicionales. Así que, cuando anota sus sueños, su recuerdo de los sueños mejora. Esto funciona porque el proceso de recordar sus sueños y anotarlos señala a su mente que sus sueños son importantes para usted. Como resultado, será capaz de recordar más y más. Con el tiempo, descubrirá que puede recordar cada pequeño detalle de sus sueños, y esto le será de gran beneficio cuando comience sus visitas astrales.

Aumento de la lucidez de los sueños

Registrar cada sueño que tenga, le hará notar las cosas que suelen ocurrir una y otra vez en sus sueños. Además, le ayudará a reconocer las rarezas que hacen que los sueños sean una experiencia claramente diferente de la vida de vigilia. Esas rarezas se denominan signos oníricos. La próxima vez que las vea en un sueño, se desencadenará en la vigilia.

Impulso del pensamiento lógico

Escribir un diario también ayuda a mejorar el pensamiento analítico del hemisferio izquierdo. Por ejemplo, para darse cuenta de que está en un sueño, necesita que su parte racional detecte las pistas y los indicios que le permiten saber que hay algo raro en el mundo en el que se encuentra. Lo maravilloso es que experimentará este impulso del pensamiento racional también en su vida de vigilia. Por ejemplo, puede saber cuándo las cosas no tienen sentido. También puede resolver cualquier problema cuando todos los demás pierden la cabeza a su alrededor. Sabe mantener la calma y la racionalidad cuando los ánimos están caldeados, por lo que es la única persona en la sala que no saca conclusiones irracionales ni toma acciones lamentables.

¿Cómo le ayuda esto a la proyección astral? Por un lado, puede convertir su sueño lúcido en una proyección astral con la técnica correcta. Por otro lado, mejorará para evitar los ***falsos despertares***.

Cuando viaja a la ***zona de tiempo real*** del reino astral (donde todo coincide con su entorno físico), puede suponer erróneamente que está despierto. ¿Alguna vez ha tenido un momento en el que se ha despertado, ha hecho todo lo que tenía que hacer durante el día, y luego se ha despertado ***de nuevo*** para descubrir que lo había soñado todo? Ese es un caso de falso despertar.

Mejora de la inteligencia emocional

Cuando toma nota de sus sueños, conecta mejor con sus emociones. Esto se debe a que al recordarlos y escribirlos inevitablemente evocará sentimientos a los que naturalmente prestará atención, de modo que podrá averiguar por qué se siente así.

Tomar nota de sus sueños también le ayudará a aprender por qué es tan importante hacerse cargo de su mente en la vida de vigilia como en los sueños o proyecciones de la vigilia. Cuando elige ver una película de terror o algo triste antes de acostarse, notará cómo eso colorea sus sueños. Cuando se duerme con mucho ánimo, también verá que eso se traduce en sus sueños. Además, notará cómo las emociones de un sueño colorean su mañana y posiblemente el resto del día. Será más consciente de reconocer y ordenar sus sentimientos. Solo esto mejorará drásticamente la calidad de su vida.

Mejor control en los sueños y las proyecciones astrales

Cuanto más anote sus sueños, mejor será su capacidad para manipular todo lo que ocurre en ese reino. Si es el tipo de persona que tiene que lidiar con el mal sueño a causa de las constantes pesadillas, debería ser inmediatamente evidente para usted lo sorprendente que es esto. En lugar de ceder al miedo, puede darse cuenta de que está soñando e influir en el sueño. Por ejemplo, podría neutralizar lo que está causando su miedo o hacerlo más pequeño que su persona. O podría convertirlo en algo divertidísimo, cambiar el entorno o, simplemente, optar por acabar con él.

Solución creativa de problemas

Cualquier soñador lúcido o proyector astral experimentado puede contarle muchas historias sobre cómo se le ocurrieron soluciones creativas a problemas que parecían imposibles de arreglar.

Vivimos en un mundo que se aferra desesperadamente a la lógica, que se niega a cambiar las cosas, que se aferra siempre a la tradición y al statu quo. Lo hermoso del reino astral es que todas esas reglas y convenciones se tiran por la ventana. Lo que esto significa para usted es una creatividad ilimitada. Puede utilizar su paisaje onírico para solucionar un problema si se propone recibir una respuesta en sus sueños y confía en que la entenderá cuando la reciba. En cuanto la reciba, asegúrese de anotar la respuesta.

Consejos para llevar un diario de sueños

1. Resuma con palabras sueltas. Si se despierta en mitad de la noche y está demasiado cansado para sacar el cuaderno o el teléfono para escribir un diario en su aplicación, considere la posibilidad de escribir solo unas pocas palabras para resumir. Luego, por la mañana, puede completar el resto. Por ejemplo, digamos que ha soñado con ser uno de los niños Von Trapp. Estaba cantando y bailando en una colina con Fraulein Maria mientras una monja desaprobadora le perseguía por todas partes. En ese caso, podría escribir: "Colina. Monja. Música. Von Trapp". Esto debería ser suficiente para refrescar su memoria y poder completar los detalles por la mañana.

2. Sea generoso con los detalles. Cuantas más veces escriba en su diario, mejor se dará cuenta de los detalles, pero incluso si acaba de empezar, haga todo lo posible para anotar las minucias de lo que experimentó o vio. Recuerde qué hora del día era, quién estaba con usted, qué podía oír, los colores, las sensaciones y las emociones. No sea duro consigo mismo si nota que no se da cuenta lo suficiente. Simplemente tenga la intención de hacerlo y, con el tiempo, mejorará. Además, es un objetivo que merece la pena, porque así interpretará mejor sus sueños y no tendrá que depender de los blogs para que le digan lo que significan sus sueños (algo inútil, ya que los sueños son muy subjetivos).

3. Dibuje su sueño si le resulta más fácil. Si se le da mejor expresarse con imágenes que con palabras, entonces está bien que dibuje sus sueños. De este modo, captará mucho más de lo que podría haber pasado por alto si hubiera tratado de escribir. Por otro lado, si puede expresarse tanto con palabras como con imágenes, es increíble, y debería hacerlo. Será aún mejor a la hora de interpretar correctamente sus sueños.

4. ¿No es un soñador? Esto es lo que debería hacer. En primer lugar, escriba cómo se siente cuando se despierta. Algunas personas sostienen que nunca sueñan. Lo que realmente ocurre es que *no recuerdan* haber soñado. Todo el mundo existe multidimensionalmente. No siempre estamos centrados en la Tierra todo el tiempo, así que no todas sus noches serán sin sueños. Para solucionar esto, simplemente tome nota de cómo se siente, y confíe en que muy pronto, comenzará a obtener más detalles sobre sus sueños. No se castigue por no saber nada más que sus emociones, o de lo contrario ralentizará el proceso.

5. Contraste su vida de vigilia con sus sueños. Deberá anotar cómo ha sido su día y fijarse en sus últimos pensamientos antes de acostarse. También debería prestar atención a lo que ha consumido mentalmente, ya sea un libro, un artículo, un vídeo de YouTube, lo que sea. Después de escribir su sueño, el siguiente paso es recordar lo que vivió el día anterior al sueño y ver si puede encontrar pistas sobre por qué tuvo el sueño que tuvo. También puede utilizar su sueño para analizar cómo transcurre su nuevo día y ver si puede encontrar alguna conexión entre ambos.

6. Esté atento a los patrones. A lo largo de varios sueños, puede empezar a notar que se despliega un patrón. Por ejemplo, puede descubrir que sueña constantemente con un lugar concreto, o que ve constantemente gatos. Puede que haya alguien que siempre esté en sus sueños, o que se produzca el mismo tipo de acontecimiento, pero en diferentes lugares. Estos patrones pueden indicarle los problemas que necesita tratar en el mundo de la vigilia y que ha estado suprimiendo, e incluso puede encontrar la solución en ellos. Por lo tanto, no se limite a escribir sus sueños y a tirar su diario a un lado. Por el contrario, repáselo siempre en busca de pistas. Una buena aplicación de diario le permitirá buscar palabras clave específicas, para que pueda saber si algo aparece con la suficiente frecuencia como para llamarlo un patrón.

Cómo llevar un diario de sueños

Podría limitarse a escribir la fecha en que tuvo el sueño y sus detalles, pero lo ideal es anotar otros elementos que le ayuden a conocer mejor a sí mismo y sus hábitos oníricos.

Qué tipo de diario de sueños utilizar: Esto depende principalmente de usted. Si quiere ir a la antigua usanza porque le gusta el tacto del bolígrafo y el papel, entonces puede conseguir un cuaderno de notas. Solo debería utilizarlo para sus sueños y sus conexiones con su vida de vigilia. Nada más.

Si prefiere utilizar su teléfono, también es una opción. Cambie al modo oscuro o a cualquier otro modo visual que no le haga despertar del todo mientras escribe las palabras clave de sus sueños. Esto le será de inmensa ayuda, sobre todo si se despierta en mitad de la noche para grabarlos.

Hay muchas aplicaciones que puede utilizar. Puede optar por las clásicas EverNote, Penzu o Keep de Google. Podría consultar su tienda de aplicaciones y buscar "diario de sueños", revisar las reseñas para encontrar una que le convenga. Algunas de estas aplicaciones de diarios de sueños vienen incluso con alertas para ayudarle a realizar comprobaciones de la realidad a lo largo del día, y también le recuerdan que debe escribir sus sueños. Una buena aplicación para esto es Awoken. Si prefiere grabar sus sueños en formato de audio, también es una opción. Puede utilizar la aplicación de grabación de su teléfono o pagar por una que le permita transcribir el audio a texto si prefiere leer sus apuntes.

Cuándo escribir: No es conveniente que escriba su sueño tan pronto como se despierte. Si se levanta de inmediato y busca su diario, puede olvidar algunas partes cruciales. Así que, primero, permanezca en la cama durante un minuto. A continuación, trabaje hacia atrás en la secuencia de eventos del sueño hasta que no quede nada que recordar. Entonces puede escribir las palabras clave para que le sirvan de recordatorio mientras anota el sueño con más detalle.

¿Qué debería estar en su diario?

- El día que tuvo el sueño.
- La hora a la que se acostó y la hora a la que se despertó.
- Si su sueño fue interrumpido.
- Si recuerda el sueño en su totalidad o no.
- La hora del día en su sueño.
- Los personajes que vio: animales, humanos u otros.
- La secuencia de los acontecimientos en el sueño.

- Las sensaciones físicas, si las hay.
- Las emociones que siente.
- Su interpretación del sueño.
- Si ha viajado en plan astral.
- La secuencia de eventos en su proyección astral.

¿Dónde guardar el diario? Lo ideal es tenerlo lo más cerca posible de la cama. Consiga una mesita de noche si no tiene una. Si no le resulta incómodo, puede guardar su diario debajo de la almohada.

Su diario astral

Si lo desea, puede tener un diario separado para registrar sus viajes astrales solo. Sin embargo, puede resultarle mucho más práctico registrar simplemente sus proyecciones astrales en el mismo diario que utiliza para sus sueños lúcidos. Lo único que tendría que hacer es asegurarse de que están claramente marcadas, para que le resulte más fácil llegar a lo que quiere leer.

En su diario astral, incluya los siguientes detalles:

1. ¿Dejó deliberadamente su cuerpo físico, o atrapó su cuerpo astral al reingresar?
2. ¿Su reingreso fue deliberado o no?
3. ¿A qué hora se proyectó?
4. ¿Qué método utilizó para proyectarse?
5. ¿Dejó su cuerpo a la fuerza o le resultó fácil?
6. ¿Su salida fue más fácil o más difícil que la última vez?
7. ¿Hubo algo que hizo diferente en su rutina que lo hizo más fácil o más difícil?
8. ¿Cedió a las ganas de darse la vuelta o de rascarse un picor?
9. Narre sus experiencias durante el viaje.
10. ¿Qué comió antes de dejar su cuerpo, si es que comió algo?

11. ¿Cuánto tiempo después de comer intentó dejar su cuerpo?

12. ¿Hubo alguna sensación energética peculiar que sintiera que fuera inusual para usted durante el estado vibratorio? Descríbalas.

13. ¿Recordó totalmente sus recuerdos astrales, o solo parcialmente?

14. ¿Tenía un plan y lo ejecutó con éxito?

15. Si no lo ejecutó completamente, escriba por qué.

Puede parecer demasiada información para anotar en su diario, pero cuantos más apuntes haga, más probable será que vea surgir un patrón. Además, toda esta información le ayudará a saber lo que está haciendo bien y lo que debe corregir.

Así, con cada nuevo viaje astral que haga, podrá corregir su rumbo en el camino. Pronto descubrirá que se ha quitado de encima muchas de las cosas técnicas, por lo que podrá centrarse en disfrutar de sus experiencias. Si decide compartir sus experiencias, estará añadiendo un gran valor al creciente cuerpo de trabajo sobre este tema, que definitivamente ayudará tanto a los viajeros neófitos como a los veteranos.

Por último, el seguimiento de todas estas variables le mostrará lo lejos que ha llegado en su viaje. Además, el seguimiento de su progreso le dará el ánimo y el entusiasmo que necesita para continuar con sus exploraciones, creando un bucle de retroalimentación positiva que acelerará su proceso de aprendizaje.

Capítulo 6: Desarrollar la atención plena

Si ha estado prestando atención, ya debe haber imaginado que este tema iba a llegar. Necesita ser un maestro de su mente para atravesar el mundo astral. Entonces, ¿qué mejor manera de aprender a domar la mente que practicando la atención plena?

Definición de la atención plena

La atención plena es una práctica que requiere que sea completamente consciente del aquí y el ahora, sin tratar de interpretarlo, ni juzgarlo, ni etiquetarlo. Hay muchas maneras de practicar este arte de vivir el momento. Existe la meditación, con o sin imágenes guiadas, y los métodos de respiración para poner toda su atención en la respiración. Estas prácticas tienen el beneficio añadido de ayudarle a desestresarse en cuerpo y mente. Cuanto más relajado esté, más profundos serán los niveles de conciencia que podrá alcanzar.

Esta es una práctica que tiene muchos beneficios cuando se trata de la proyección astral. La capacidad de permanecer sin juzgar en un lugar y tiempo determinados profundizará automáticamente su enfoque, independientemente de lo que esté sucediendo. Captará mejor los detalles y recibirá los mensajes que necesite para ayudarle en el viaje de la vida.

Permanecer en el momento también significa que tendrá menos fluctuaciones con las que lidiar cuando tenga un sueño lúcido o una proyección astral. Dado que el reino astral es susceptible a sus pensamientos, el desarrollo de la atención plena le ayudará a ser más deliberado sobre lo que entretiene en su cabeza. Solo le dará energía a las ideas que le den los resultados que busca.

Beneficios de la atención plena

Reducción del estrés: este mundo es de alto octanaje. Puede que no esté disparando a monstruos o a tipos malos en una película de acción, pero lo más probable es que esté experimentando los mismos niveles de estrés que cualquier persona en esas situaciones. Inevitablemente, tenemos sentimientos y pensamientos negativos recurrentes, que alimentan aún más el dolor, la depresión, el estrés y la ansiedad que ya provocan las situaciones estresantes. Ya sean las finanzas, los problemas de salud o el estado de la nación, estas cosas pueden traducirse en insomnio, hipertensión y otros problemas de salud con los que realmente no quiere tener que lidiar.

Una forma de mitigar los efectos perjudiciales de estos momentos de estrés es practicar la atención plena. Cuando elige estar atento, descubrirá que le resulta más fácil aceptar dónde se encuentra. Cuando deja de luchar contra una circunstancia o situación, le quita el poder sobre su vida. Se coloca en posición de ver claramente las señales de salida de neón para escapar de esos problemas.

Mejora de la concentración y la conciencia: si siempre ha tenido problemas para concentrarse, ya sea por un problema de salud o simplemente por falta de disciplina, la atención plena le ayudará en gran medida. Su capacidad de atención aumentará con la práctica. Pronto descubrirá que es capaz de dedicar su atención a una sola tarea durante largos periodos de tiempo sin sentir la necesidad de mirar vídeos de gatos en Facebook o cualquier otra cosa que le distraiga.

Reducción del agotamiento: el agotamiento, en su esencia, es el cansancio que siente cuando no quiere seguir lidiando con una situación particularmente persistente; se ha negado a aceptarla o a buscar formas de convertirla en algo positivo; y no puede o no quiere dejar pasar el asunto problemático.

La práctica de la atención plena le pone en contacto con sus emociones, lo que le permite saber cuándo debe persistir en un problema o tomarse un descanso y volver a él más tarde sin castigarse. Con la práctica, también se dará cuenta de que es capaz de formar parte de esa situación sin juzgarla ni rechazarla. Esto le permite encontrar la alegría en ella si lo desea o desconectarse energéticamente de ella. Esta desconexión pondrá en marcha una cadena de acontecimientos en la que finalmente tendrá la solución perfecta para este asunto persistente, o el problema se resolverá por sí mismo.

Dormir mejor: con un mejor control de su mente, le resultará más fácil irse a la cama, ya que no le molestarán los pensamientos extraviados como si las vacas saben nadar. Puede establecer la intención de dormirse rápida y fácilmente y experimentar precisamente eso. Con el dominio de la mente, sabe lo que significa no dar energía a sus pensamientos. Entiende que su mente no es diferente a un generador que ha estado funcionando todo el día. Lo ha apagado, y todavía está un poco caliente, pero no se preocupa porque sabe que está apagado, y por eso no tiene más remedio que enfriarse.

Atención plena y proyección astral

Adquiera el hábito de practicar la atención plena en la vida de vigilia. Descubrirá que es mucho más fácil proyectar con éxito. Cuando se concentre en estar aquí y ahora, verá que este hábito se extiende también a sus proyecciones astrales. También descubrirá que constantemente alcanza la lucidez cuando sueña. Se sorprenderá a sí mismo justo cuando esté a punto de abandonar su cuerpo, incluso cuando no lo haya planeado.

Cuando mira sus manos en sus sueños o proyecciones, el mundo entero se estabiliza. Esto sucede porque su atención se arraiga en el momento. Sin embargo, no querrá pasarse todo el tiempo mirando las manos porque teme salir de ellas. Por eso debería adoptar la atención plena y convertirla en un hábito.

Sin la atención plena, descubrirá que su mente divaga demasiado. Podría suponer que esto significa que debería terminar en lugares interesantes durante su proyección astral, pero no es así. Por el contrario, se encontrará perdiendo la lucidez. Olvidará que está en el reino astral y volverá a su forma de pensar acrítica durante los sueños. Olvidará de sus experiencias, por lo que ni siquiera podrá registrarlas en su diario cuando regrese. Además, se encontrará experimentando constantemente falsos despertares. Puedo asegurarle que es bastante irritante despertarse y descubrir que lo que había asumido como vida de vigilia era la zona de tiempo real.

Cuando se haya entrenado para ser consciente, detectará estos falsos despertares con facilidad. Por ejemplo, puede que se levante de la cama para prepararse para el trabajo y note que hay algo fuera de lugar en su habitación. También observará que se siente un poco diferente en su cuerpo de lo habitual, y entonces se dará cuenta de que está proyectando. La razón por la que se dará cuenta es que ha adquirido el hábito de estar completamente aquí y ahora, por lo que los detalles no se le escapan. Entonces puede elegir salir de la zona de tiempo real e ir a niveles más altos del plano astral.

Ejercicios de atención plena

Conciencia del presente

1. Busque un lugar cómodo y tranquilo donde pueda sentarse. Si hay otras personas a su alrededor, pídales que le dejen solo durante diez o quince minutos.

2. Con ropa suelta, siéntese en una posición cómoda. No tiene que sentarse en posición de loto si le duelen las rodillas o no es su estilo. El objetivo es sentirse lo más natural posible.

3. Simplemente observe el momento. No trate de silenciar su mente ni de forzar la calma. Simplemente sea. Observe el momento y no lo juzgue.

4. Cuando note que está juzgando o dando un significado a las cosas que ve a su alrededor y que siente en su interior, simplemente nótelo y luego permita que el juicio pase. Deje que su mente vuelva suavemente al momento, tal como es, sin etiquetas.

5. Repita este proceso de devolver su mente al presente cada vez que note que vuelve a juzgar, a etiquetar, a dar sentido a las cosas. Hágalo con cariño. No se juzgue a sí mismo, no importa cuántas veces se haya encontrado alejado del momento.

Este ejercicio es sencillo, pero sencillo no significa que sea fácil. No deje que eso le asuste. La perfección no es el objetivo aquí. Por el contrario, para comenzar, debería agradecerse el haberse dado cuenta de que su mente se ha ido por la tangente, porque eso significa que está mejorando en ser consciente.

Meditación de seguimiento de la respiración

1. Vaya a un lugar tranquilo y silencioso. Deshágase de todas las distracciones durante diez o quince minutos.

2. Con ropa suelta y cómoda, siéntese. Puede sentarse en el suelo o en una silla, lo que más le convenga.

3. Mantenga el cuerpo relajado y en buena postura, con la columna vertebral erguida. Si se siente incómodo, ajuste su cuerpo hasta que se sienta bien. Puede mantener las manos sobre los muslos de la forma que le resulte más cómoda. No debe haber ningún tipo de tensión.

4. Cierre los ojos y separe ligeramente los labios.

5. Inspire profundamente por la nariz. Observe su sonido y el camino que sigue al pasar por las fosas nasales, llenando el vientre y los pulmones.

6. Mantenga esa respiración durante uno o dos segundos, prestando atención a la sensación que tiene en su interior mientras espera a ser liberada.

7. A continuación, exhale a través de los labios ligeramente separados. Puede que note que la exhalación le lleva más tiempo que la inhalación. Es normal. Observe la respiración mientras sale del vientre y los pulmones, a través de las fosas nasales. Note el punto en el que la respiración pierde el contacto con su cuerpo.

8. Si su mente divaga, y lo más probable es que lo haga, observe eso, sin juzgarlo, y luego, con amor y aprecio por sí mismo, devuelva su atención a la respiración. Haga esto sin importar cuántas veces su mente divague, sin juzgarse nunca, siendo amable consigo mismo pase lo que pase.

9. Repita este proceso hasta que transcurra el tiempo. Haga esto diariamente.

Consejos para permanecer atento

Observe sus emociones desde un punto de vista relajado y distanciado. Ya sea alegría, enfado o tristeza, no importa lo que sienta, preste atención a la emoción sin dejar que le consuma. Piense en ello como si estuviera de pie en el exterior, mirándose a sí mismo. Primero está el observador y luego el observado. Por supuesto, usted es ambas cosas, pero puede cambiar conscientemente su conciencia para ser el observador en cualquier momento. Cuanto más lo haga, más crecerá la atención plena.

Utilice afirmaciones positivas. Cuando se encuentre atrapado en un torbellino de negatividad, puede encontrar su centro utilizando afirmaciones. Para ser claros, no se trata de las palabras, sino del significado y el sentimiento que hay detrás de las palabras con las que resuena. No hay poder en las palabras por sí solas. Por lo tanto, siempre deberá utilizar sus afirmaciones de forma positiva y en el presente.

Incorrecto: **No** dejaré que esta situación me hunda.

Correcto: Soy más grande que esto.

Incorrecto: Voy a ser excelente en la proyección astral.

Correcto: Soy un excelente proyector astral.

Registre su vida de forma pasiva. En un diario aparte, practique la escritura de su día sin juzgarlo. Imagine que está observando su vida como si fuera otra persona. Cuanto más escriba sobre su vida de forma pasiva, mejor será su capacidad para darse cuenta de sus emociones, así como de sus pensamientos.

Escuche realmente a la gente. Cuando esté escuchando, esté realmente presente. No juegue con su teléfono ni con sus manos. No trate de anticiparse a lo que van a decir. Tampoco juzgue lo que está escuchando. Cuando escucha con atención, también se da cuenta de que no está preparando lo que va a decir en respuesta. Solo está en el momento.

Mire sin juzgar. Al igual que escucha, también puede mirar a las personas (y a los objetos o lugares) sin juzgarlas. No es el momento de pensar: "¡Qué bonitos son!" o "Vaya, qué obra de arte más fea". Simplemente mire sin juzgar. Puede establecer contacto visual y dejar que sus ojos recorran también su rostro, simplemente para asimilarlo todo.

Controle su mente. De vez en cuando, compruebe su mente para ver qué está pasando ahí dentro. No se pregunte: "¿En qué estoy pensando?", porque entonces se estará dando un baño mental. Su mente puede responder: "¡Bueno, ahora estoy pensando en lo que estoy pensando!". En lugar de eso, lo que debe hacer es mirar desde una perspectiva distante. Simplemente observe lo que está ocurriendo ahí dentro. No trate de notar mirando activamente en su mente, sino simplemente estar en el momento y permitirle vagar. Imagine, si quiere, que usted es una casa con las ventanas abiertas, mientras que los pensamientos que entran y salen volando son pájaros. Está estable, siempre presente, mientras los pájaros entran y salen revoloteando.

Adquiera el hábito de hacer ejercicio. Cuando hace ejercicio a una intensidad decente, se ve obligado a concentrarse por completo en el momento. En ese momento, sus pulmones exigen aire. Sus músculos requieren energía. Su fuerza de voluntad le exige que se esfuerce un segundo más, que haga una repetición más. Todo esto junto le obliga a estar completamente en el aquí y ahora.

El entrenamiento debe ser lo suficientemente duro como para obligarle a concentrarse (pero sin que le den ganas de abandonar) porque hacer ejercicio significa que tiene que respirar, y no hay nada que le haga estar en el presente como la respiración. Es la razón por la que el trabajo de respiración es tan poderoso y vital cuando se trata de la práctica de la atención plena.

Establezca alarmas recurrentes. Cuando suenen, puede tomarse un minuto, tal vez cinco, para estar en el momento si no lo estaba antes. Otra forma de utilizar esto para empoderarse es crear una declaración sobre el tipo de persona que quiere ser. Luego, cuando suene la alarma, durante unos minutos, vea a través de sus ojos, viva a través de su cuerpo y observe todo desde el estado mental que tendría la versión ideal de sí mismo.

También podría imaginar que está en una proyección astral, y que acaba de darse cuenta gracias a la alarma. Entonces, lo que hace a continuación es tomar una decisión sobre hacer algo, y luego hacerlo. Por ejemplo, podría decidir levantarse y estirar las piernas, coger el teléfono y llamar a alguien, o ir a mirar fuera. Independientemente de la acción que escoja, se está entrenando para ser consciente de sus proyecciones. Está aprendiendo a seguir sus decisiones con precisión láser cada vez que está fuera de su cuerpo.

Apague su teléfono. Es increíble cómo ese pequeño rectángulo nos saca del momento de vez en cuando, con su incesante demanda de nuestra atención. Además, no es solo una cosa en la que necesite concentrarse cuando use su teléfono. Lo más probable es que tenga notificaciones de varias aplicaciones.

Sea deliberado a la hora de desconectarse. Dedique cada día un tiempo a olvidarse de los correos electrónicos, de los medios de comunicación con su aluvión de malas noticias, de los constantes mensajes preocupantes de su madre. Olvídese de todas las notificaciones que le dicen que este o aquel reto le exigen hundir horas de su tiempo desplazándose a través de vídeos que son esencialmente lo mismo. En lugar de eso, dedíquese a estar en el presente, ya sea simplemente observándolo o dedicándose a una afición creativa como pintar, crear algo, sumergirse en el tiempo de la familia o cualquier otra cosa. Simplemente desconéctese un rato. Es un hábito que vale la pena tener y que pronto le resultará difícil dejar. Puede que al principio se sientas inquieto y tenga un intenso FOMO cuando se desconecte de las redes sociales. Sin embargo, después de un tiempo, notará que se siente mejor que en mucho tiempo.

Capítulo 7: La respiración astral

Ya se ha mencionado anteriormente que la respiración es vital a la hora de mantener la atención plena. También es esencial para sus viajes astrales. Cuando lo piensa, su respiración es tan crucial que no es solo su mente consciente la que tiene el control. Se duerme y los pulmones siguen funcionando. Imagine estar completamente a cargo de su respiración mientras tiene cero controles sobre su mente. Es un pensamiento aterrador. Al igual que la respiración es esencial para mantener su cuerpo físico en funcionamiento, también ayuda con su cuerpo astral.

Definición del trabajo respiratorio

El trabajo respiratorio se refiere a todos los ejercicios de respiración diseñados para mejorar la salud física, mental y espiritual. Se trata de respirar intencionadamente. Practicar esto a menudo conduce a una mejor concentración, una relajación más profunda y una energía ilimitada cuando la necesite.

Su trabajo consiste simplemente en respirar con el trabajo de la respiración, permitiendo que cualquier cosa que surja en su mente se mueva sin resistencia. La respiración consciente hace que las células se hipooxigenen, lo que significa que su sangre tiene mucho oxígeno con el que trabajar, y su cuerpo puede empezar a curarse a un ritmo acelerado. Su mente también se beneficia de la práctica, curando lo que necesita. Se aparta de su camino para que pueda alcanzar niveles más profundos de meditación, más conciencia de sí misma y un estado de feliz entrega al aquí y al ahora.

La respiración y el estrés

La próxima vez que se sienta estresado, fíjese en su forma de respirar. Lo normal es que su respiración sea superficial y termine en la parte superior del pecho. Esto significa que no está entrando tanto aire en los pulmones como debería, y que está respirando más rápido de lo que debería. Por desgracia, es una triste verdad que esto es lo que la mayoría de nosotros considera una respiración normal.

La respiración superficial está estrechamente relacionada con el estrés debido al sistema nervioso simpático, también conocido como SNS. Esta es la parte del sistema nervioso autónomo encargada del mecanismo de "lucha, congelación o huida". Cuando está estresado, el SNS contrae los vasos sanguíneos. A su vez, el ritmo cardíaco aumenta junto con la respiración y la presión arterial. El sistema digestivo también se resiente.

Dado que el cuerpo y el cerebro siempre se influyen mutuamente, el cuerpo hace saber al cerebro que está estresado a través de su respiración superficial. El cerebro envía entonces a su cuerpo información sobre cómo actuar en respuesta a la presión, y eso provoca más respiración superficial y todos los demás efectos perjudiciales. Por eso el estrés puede parecer una montaña rusa interminable.

El sistema nervioso parasimpático o SNP actúa como contrapeso del SNS. Es el sistema de "descanso y digestión" de su cuerpo. Lo que hace es ayudarle a relajarse y a sentirse tranquilo. Al igual que el SNS, puede activar el SNP a través de la respiración. Tómese un momento para cerrar los ojos e imaginar que se encuentra en un lugar que lo tranquiliza. Se siente tranquilo en ese lugar. Es tranquilo y pacífico, y le apetece relajarse allí indefinidamente. Lo que notará es que su respiración es más lenta y profunda. Eso se debe a que se siente más relajado y respira con el diafragma debido a ello.

Cuanto más profunda sea su respiración, más calmada estará su mente y mejor podrá dirigirla para que cumpla con su cometido. Incorporar el trabajo de la respiración a su rutina para dominar la proyección astral es una inversión que le devolverá con creces.

Respiración holotrópica

La etimología de la palabra "holotrópico" es griega, formada por las palabras *holos*, que significa "completo", y *trepein*, que significa "avanzar". Desarrollada por Christina y Stanislav Grof, esta técnica de trabajo con la respiración está diseñada para ayudarle a sentirse como una persona completa. Con ella, puede alterar su estado de conciencia sin tener que usar drogas.

También conocida como HB (Por sus siglas en inglés), consiste en tener el control de la respiración, respirando más rápido de lo habitual para afectar a sus estados emocional, mental y físico. Aunque tiene muchos efectos terapéuticos, suele utilizarse con fines espirituales. Puede utilizar esta técnica de respiración para aumentar la conciencia, que a su vez será útil durante su viaje astral. Cuando se hace bien, se puede utilizar para cambiar a estados superiores de conciencia. Esto, a su vez, puede desencadenar un despertar a la plenitud de lo que es usted o su naturaleza multidimensional.

Para practicar esto, debe respirar rápida y uniformemente. Al respirar de este modo, alterará su estado de conciencia y, desde esta posición, obtendrá información sobre quién es. Piense en esto como una meditación con esteroides. Uno de los principios de la HB sostiene que tiene un radar interior que puede indicarle qué experiencias son más importantes en cualquier momento. Sin embargo, no puede tener conciencia de lo que podría ser esta experiencia hasta que la tenga.

¿Cómo podría esto ayudarle con la proyección astral? Utilice esto antes de acostarse o antes de proyectar. Tendrá toda la energía que necesita para generar y mantener su cuerpo astral y mantener la estabilidad que necesita para moverse por el plano astral sin perderse. Respirar de esta manera ayuda a aumentar la dimetiltriptamina o DMT en su cuerpo. La respiración rápida y uniforme hace que la sangre oxigenada inunde su cerebro y favorece su producción en la glándula pineal. Esto significa que sus sueños y proyecciones serán nítidos y claros.

Cómo respirar holotrópicamente

Para su primera experiencia, ayuda tener un compañero como observador mientras hace esto, para que se sienta a gusto con lo que su mente hace. No intente esto si sufre de presión arterial baja o alta, enfermedades cardiovasculares o glaucoma. Además, tenga en cuenta que suelen surgir emociones fuertes debido a este trabajo de respiración, a veces junto con recuerdos reprimidos y dolorosos.

1. Asegúrese de que la habitación esté fresca y oscura.

2. Acuéstese sobre su espalda en el suelo y asegúrese de estar cómodo. Puede utilizar una colchoneta si lo desea.

3. Póngase un antifaz para no ver la luz, o simplemente cierre los ojos.

4. Deje que toda la tensión se desvanezca de su cuerpo mientras hace algunas respiraciones relajantes para liberar la tensión de sus músculos.

5. Cuando sienta que está preparado, respire más profundamente, inhalando por la nariz y permitiendo que su vientre se eleve todo lo que pueda.

6. Sienta cómo se desinfla el estómago al exhalar.

7. Acelere el ritmo con su respiración mientras se asegura de que su mente permanece libre y clara. Para ayudar a mantener la mente despejada, puede repetir mentalmente o en voz baja: "Inhala, exhala". Siga así hasta que sienta que está en un estado alterado de conciencia.

Por qué la respiración es importante en la proyección astral

Se relaja mejor. Cuando respira de forma correcta, se relaja mucho más. Estar relajado es esencial porque es la forma de obtener las vibraciones que permiten a su cuerpo astral salir del físico. Respirar profunda, lenta y rítmicamente permite que su mente se ralentice, lleva su presión sanguínea a un punto equilibrado y ayuda a que sus chakras se abran. Cada célula de su cuerpo se beneficia de su respiración profunda, y está más en sintonía con las energías más sutiles con las que se fusionará en breve.

Al principio, su respiración es profunda. Luego, cuanto más se relaje su cuerpo, más corto será el ritmo de su respiración y, finalmente, será casi como si no respirara en absoluto. Esta es la etapa de máxima relajación.

Ralentiza su actividad cerebral para acceder a su mente subconsciente. En otras palabras, cuando respira con un ritmo tranquilo y relajado, ralentiza la actividad de sus ondas cerebrales. Normalmente, en la conciencia despierta, nuestras ondas cerebrales están en las frecuencias Gamma y Beta, que son muy activas. Cuando meditamos o respiramos lentamente, la actividad desciende a Alfa, Theta o incluso a frecuencias tan profundas como Delta. Estas frecuencias son las mejores para el pensamiento creativo y la proyección astral.

A medida que profundiza, su cuerpo se duerme mientras su mente abre el subconsciente para que trabaje con él a su antojo. El subconsciente es esencial cuando se trata de la proyección astral. Este es el punto en el que experimenta la hipnagogia. Ve patrones de colores y a veces fragmentos de imágenes justo antes de entrar en el estado vibratorio para separarse de su cuerpo.

Impulsa su concentración y enfoque. Cualquiera que sea la técnica de respiración que emplee, requiere que se concentre en su respiración mientras sigue su flujo desde las fosas nasales hasta el vientre y de vuelta. Esto dificulta que su mente de mono salte de un lado a otro como le gusta, y como resultado, puede profundizar su relajación. Esto significa que cuando esté en el reino astral, puede utilizar simplemente su respiración para permanecer tranquilo y concentrado en las tareas que se proponga realizar allí.

Estimule sus chakras. Sus chakras deben estar activados antes de salir de su cuerpo, o podría tener dificultades para trabajar con su cuerpo astral. El trabajo con la respiración le permite activar y limpiar estos centros energéticos. Todo lo que tiene que hacer es prestar atención a cada uno de ellos mientras respira. Puede visualizar la fuerza vital o una hermosa luz azulada moviéndose hacia cada chakra mientras inhala y luego ver el chakra brillar más al exhalar. Como referencia, tiene siete chakras principales:

- El chakra raíz, en la base de la columna vertebral o el perineo.
- El chakra sacro, justo debajo del ombligo.
- El chakra del plexo solar, justo entre y debajo de las costillas.
- El chakra del corazón, en el centro del pecho.
- El chakra de la garganta, en el centro del cuello.
- El chakra del tercer ojo, en el entrecejo y justo encima de las cejas.
- El chakra de la corona, en el centro de su cabeza, en la parte superior.

Ejercicios de respiración

Vamos a entrar en algunos ejercicios de respiración que puede hacer de forma independiente sin un guía o un facilitador caro. Si desea hacerlos con un amigo, puede hacerlo. Tenga en cuenta que algunas personas reaccionan intensamente a estos ejercicios. Por lo tanto, si empieza a parecerle demasiado, tómese un descanso e inténtelo otro día.

Respiración alternada por las fosas nasales

Esto también se llama *Nadi Shodhana*, que es un método de respiración de limpieza de energía sutil. Es un antiguo método de respiración del yoga que le ayuda a encontrar la paz interior y a liberar la ansiedad y el estrés. También le ayuda a conectarse a tierra y a deshacerse del insomnio. Su concentración se agudizará. Los dos hemisferios de su cerebro se equilibrarán y trabajarán en armonía, y también limpiará todos los chakras bloqueados en su cuerpo. Además de todo esto, las toxinas serán eliminadas de su cuerpo,

1. Siéntese en un lugar tranquilo y cómodo, en la postura del loto si lo prefiere.
2. Coloque la mano izquierda sobre la rodilla izquierda.
3. Lleve la mano derecha a la nariz.
4. Exhale, vaciando los pulmones.
5. Con el pulgar derecho, presione la fosa nasal derecha.
6. Inhale por la izquierda y presione sobre ella con los dedos.
7. Retire el pulgar de la fosa nasal derecha y exhale por ella.
8. Inhale con la fosa nasal derecha y luego exhale con la izquierda. Es un ciclo completo.
9. Repita esto durante cinco minutos. Asegúrese de terminar exhalando con la fosa nasal izquierda.

El método 4-7-8

¿No tiene suficiente tiempo? Entonces este método es para usted. Puede utilizarlo para conectar con sus emociones y su cuerpo y, de paso, dar a su sistema nervioso un descanso muy necesario.

1. Busque un lugar tranquilo y cómodo para sentarse.
2. Cierre los ojos e inhale por la nariz durante cuatro segundos.
3. Mantenga la respiración durante siete segundos.

4. Por último, exhale por los labios ligeramente separados durante 8 segundos, haciendo fuerza para que escuche un sonido "whooshing".

5. Realice este ciclo cuatro veces en una sesión.

Respiración abdominal suave

En un mundo perfecto, todos respiraríamos desde el abdomen. Sin embargo, no lo hacemos. Por lo tanto, este es un excelente ejercicio para hacer cada día. Le ayuda a lidiar con la tensión nerviosa, los pensamientos ansiosos y el estrés para que pueda encontrar ese centro de paz dentro de usted. La clave es mantener el vientre suave y respirar sin forzar. Si lo fuerza, se sentirá aún más ansioso y se preguntará por qué no está funcionando.

1. Siéntese en una silla o en el suelo, asegurándose de que está cómodo.

2. Cierre los ojos y haga unas cuantas respiraciones profundas y relajantes, inhalando por la nariz y exhalando por los labios ligeramente separados.

3. Deje que su cuerpo quede muy arraigado a la silla o al suelo. De nuevo, no hay fuerza, solo una agradable pesadez.

4. Al inhalar, deje que el aire se mueva hacia su vientre. Mantenga su abdomen suave.

5. Exhale sin esfuerzo. El abdomen debe permanecer blando.

6. Puede ser útil repetir mentalmente las palabras "suave" al inhalar y "abdomen" al exhalar y liberar toda tensión y resistencia.

7. Con cada inhalación, visualice que cuida su vientre. Con cada exhalación, permite que su respiración le inunde con una cálida relajación, difundiendo toda la tensión en usted, en los pensamientos, el cuerpo y las emociones.

8. Como la emoción se mantiene en el abdomen, el proceso de respirar suavemente de esta manera hará que surjan recuerdos, imágenes y pensamientos. Sea lo que sea que le venga, recíbalo todo. Si nota que se involucra con estos pensamientos y emociones,

alégrese de haberlo hecho y devuelva suavemente su mente a la respiración.

9. Cuando hayan pasado entre cinco y diez minutos, coloque las manos en el estómago. Note la respiración mientras empuja su vientre suavemente hacia sus manos.

10. Poco a poco, comienza a permitir que su conciencia fluya hacia el espacio que le rodea.

11. Termine esta sesión con la intención de permanecer conectado a su abdomen y a su respiración mientras sale suavemente del estado de meditación.

Respiración circular

Tiene que hacerlo de forma consciente y con la mayor suavidad posible, porque esta técnica de respiración puede alterar su conciencia. El objetivo es inspirar y espirar sin pausas. Puede hacerlo en silencio o haciendo un sonido de silbido en cada exhalación. Es de esperar que surjan viejas emociones. Esto significa que está liberando la energía vieja y rancia de su cuerpo emocional y permitiendo que su mente se abra a niveles más profundos de verdad.

1. Siéntese en una posición cómoda.

2. Inhale y exhale por la nariz.

3. Cuente cada inhalación y exhalación, asegurándose de que son el mismo número de segundos.

4. Si lo desea, puede incluir una ligera pausa para retener la respiración entre inhalaciones y exhalaciones. Hágalo solo si se siente cómodo.

5. Siga así durante al menos cinco minutos.

Visualización de la respiración

Hay muchas formas de visualizar mientras respira profundamente. Su visualización debe ajustarse a sus necesidades actuales. Estas son sus opciones:

1. Vea sus centros de energía brillando mientras resopla prana o fuerza vital en ellos.

2. Vea la luz divina moviéndose a través de su cuerpo mientras inhala y exhala, lavando todo su cuerpo.

3. Vea el camino que toma el aire mientras se mueve a través de su sistema respiratorio.

4. Vea cómo la tensión y el estrés se desprenden de su cuerpo a medida que exhala.

5. Inhale luz en sus chakras y exhale oscuridad.

6. Inhale el dolor y exhale la bondad amorosa (esto es Ton-glen, una práctica budista).

Recuerde que su respiración es la vida misma. Practique estos ejercicios para asegurarse de dar a su cuerpo astral la energía que necesita para moverse por el plano astral.

Capítulo 8: Autohipnosis

Está conduciendo a casa desde el trabajo, y de repente se da cuenta de que está entrando en la entrada de su casa. No se acuerda bien de los detalles del viaje. Sin embargo, ha conducido esta ruta tantas veces que se ha convertido en algo natural. Así que su mente se concentra en otros pensamientos, dejando solo la conciencia suficiente para ser consciente de lo que estaba haciendo y detectar cualquier peligro potencial en el camino.

Está leyendo una novela difícil de leer, y las cosas se están intensificando con el protagonista. Su corazón se acelera. Se siente como si estuviera allí, en el centro de las cosas, y no con un libro en las manos leyendo. Hay mucho ruido a su alrededor, pero no le importa. Todo lo que escucha y ve son las voces de los personajes y el mundo que *les* rodea.

Definición de la autohipnosis

¿Qué ocurre en cada uno de estos casos? Autohipnosis. Se trata de un estado de trance en el que entramos a diario. Es un fenómeno natural que se produce cuando está muy concentrado, manteniendo su atención entrenada en una sola cosa. También ocurre cuando está haciendo algo rutinario, como cuando se cepilla los dientes o se ducha. Por eso tiene las ideas más brillantes mientras está en la ducha, por cierto. Su mente consciente se pone en piloto automático, lo que permite que las soluciones a los retos a los que se enfrenta floten en su conciencia desde la mente subconsciente.

Estar en estado de hipnosis permite que su mente se vuelva muy abierta a las sugerencias. Esto es algo que puede aprovechar, ya que puede sugerirse a sí mismo cosas que le gustaría experimentar. Por ejemplo, puede sugerirse a sí mismo que se proyectará astralmente esta noche y que lo encontrará agradable y placentero. También puede decirse a sí mismo que hará una parada en casa de su tía Edna en su viaje para ver cómo está.

La hipnosis es un estado de hiperconcentración. Queda absorbido por el momento, por la tarea que tiene entre manos o por lo que sea que haya elegido para poner su atención. No es necesario trabajar con un terapeuta para inducir este estado. En su lugar, puede ponerse usted mismo en él, siguiendo la técnica adecuada. Una vez que lo domina, es como tener una llave maestra que abre todas las puertas de todo lo que quiere en la vida. Será el dueño de sus pensamientos, a cargo de sus reacciones y emociones.

Una de las cosas más fantásticas de hipnotizarse a sí mismo es que puede hacerlo en cualquier momento y lugar. También ayuda el hecho de que sea el que está a cargo, por lo que no tiene que preocuparse de que un hipnotizador le dé a su mente subconsciente sugerencias con las que no esté totalmente de acuerdo. En lugar de eso, puede decidir cuáles son las sugestiones, y se ahorra una tonelada de dinero al elegir ser su propio terapeuta.

El papel de la autohipnosis en la proyección astral

Con el estado mental adecuado, puede lograr cualquier cosa. Nunca menosprecie el valor de la concentración. Tener una mente enfocada es igual a tener una vida poderosa. Le resultará más fácil realizar hazañas increíbles en su carrera, sin importar el campo en el que se encuentre. Será mejor para lidiar con todo tipo de dolor, y su creatividad también se dispara.

Con la hiperconcentración de la autohipnosis, puede ganar mucha más confianza a la hora de enfrentarse a lo desconocido. El astral es un reino que sorprende constantemente a los viajeros con cosas extrañas y nuevas. Algunas de estas cosas pueden encantarle, y otras pueden preocuparle si no se recompone y afronta esas situaciones con una sana mezcla de valor y curiosidad. Cuando está asustado en el astral, atrae más cosas que temer. También le resultará más difícil proyectarse porque no quiere volver a experimentar esas cosas aterradoras. La autohipnosis puede ayudarle a deshacerse del miedo y a dar un salto audaz hacia lo desconocido.

Intentar que las cosas sucedan utilizando solo la mente consciente puede ser a veces un poco cuesta arriba. Cuando se trata de cambiar un hábito o de liberarse de los miedos, ayuda trabajar con el subconsciente. Aquí es donde surgen los patrones de creencias que provocan esas situaciones indeseables, lo que hace que el cambio sea un proceso tedioso y lento. Cuando se hipnotiza, se bajan las ondas cerebrales a Theta. En este estado, se encuentra menos inhibido y muy abierto a nuevas ideas y patrones de pensamiento. Desde este estado, puede moldearse a sí mismo para convertirse en la persona que le gustaría ser.

El astral es un estado de conciencia alternativo, al que se puede acceder mediante la hipnosis. Con ella, puede pasar por sus distintos niveles para aprender más y convertirse en un alma totalmente evolucionada.

Si le resulta difícil recordar sus proyecciones, la autohipnosis puede rescatarlo. No las retiene porque su conciencia astral no ha hecho la conexión con su cerebro físico para descargarlas. Esto puede ocurrir porque, para empezar, nunca ha dado mucha importancia a los viajes astrales. Sugerirse a sí mismo en estado de hipnosis que recuerde siempre sus viajes le ayudará a conectar el yo físico y el yo astral.

Autohipnosis versus meditación

Estas prácticas son casi lo mismo. Por supuesto, necesita estar en un estado mental tranquilo y relajado para avanzar con cualquiera de ellas. Sin embargo, con la autohipnosis, tiene un objetivo específico que le gustaría alcanzar para poder vivir una mejor calidad de vida.

En la meditación, no tiene un objetivo. Simplemente se sienta y permite que cualquier cosa que flote en su mente lo haga, sin etiquetarla ni controlarla, sin ninguna intención por su parte. Ambas prácticas le darán un notable impulso a su salud mental y física, aportándole de muchas maneras. Merece la pena dedicar el mismo tiempo a ambas prácticas.

Cómo entrar en trance para la proyección astral

He aquí un método paso a paso para entrar en un estado de trance profundo.

1. Acuéstese, cierre los ojos y respire con la intención de sentirse relajado y tranquilo.

2. Cuando sienta que una agradable ola de relajación fluye por su cuerpo, imagine que está bajando una escalera en la oscuridad. No mire la escalera con los ojos de su mente. Solo sienta sus manos y pies en los peldaños mientras desciende.

3. En cada exhalación, sienta que su cuerpo desciende por la escalera. Con uno o dos peldaños bastará.

4. En cada inhalación, simplemente sienta sus manos y pies en la escalera.

5. A medida que descienda, provoque una sensación de caída en su mente. Esto cambiará su nivel de ondas cerebrales de Beta (alerta y despierto) a Alfa (dormido) y luego a Theta (sueño más profundo). Entrará en trance una vez que llegue al nivel Alfa.

6. Continúe con este ejercicio durante el tiempo que necesite. Cuanta más experiencia tenga con la relajación profunda y el aquietamiento de la mente, más rápido entrará en el estado de trance.

7. Cuando note que le invade una sensación de pesadez, puede detener la sensación de caída de su mente. Además, suponga que no le gusta la idea de una escalera. En ese caso, puede simplemente imaginar que está en un ascensor y simular esa sensación de caída en cada exhalación.

Lo que debe saber para entrar en un trance profundo

La profundidad de su trance está determinada por su capacidad de concentración, relajación y uso de su fuerza de voluntad. Si quiere entrar en niveles más profundos de Theta y más allá, tendrá que mantener su concentración en la respiración y la sensación de caída durante mucho más tiempo. Dicho esto, el primer nivel de trance es más que suficiente para que tenga una proyección. Sabrá que ha alcanzado este nivel de trance cuando se sienta bastante pesado.

Asegúrese de que antes de intentar entrar en un trance profundo ha tenido alguna experiencia con el trance ligero. Sabrá que está entrando en un trance profundo cuando:

- Sienta un frío incómodo. No está temblando, solo está perdiendo calor corporal.
- En su mente, se siente muy raro.
- Todo se siente muy, muy lento.
- Sus pensamientos se han ralentizado hasta el punto de sentir que le han drogado.
- Se siente muy alejado de su cuerpo, como si estuviera flotando, y todo está demasiado lejos de su alcance.
- Está completamente paralizado, incapaz de moverse.

Cuando estas señales ocurren *simultáneamente*, entonces está rozando el trance profundo. La sensación de flotar es mucho más suave con un trance ligero, ya que su cuerpo astral comienza a separarse del físico. Lo mismo puede decirse de la pérdida de calor corporal y la parálisis. Esto ocurre en un trance ligero, pero en menor grado y no tan incómodo como en un trance profundo.

Sin embargo, no hay que preocuparse por provocar accidentalmente un estado de trance profundo. Esto solo puede ocurrir cuando ha realizado un gran esfuerzo para relajarse completamente mientras se mantiene alerta. También requiere mucha energía mental y fuerza de voluntad. Tenga en cuenta que puede salir de un trance en cualquier momento que desee, y esto debería mitigar cualquier temor que pueda tener. Para salir del trance, simplemente concentre toda su fuerza de voluntad en mover los dedos de las manos o de los pies. Cuando sea capaz de mover algo, aunque solo sea un meñique, utilice ese impulso para mover el resto del cuerpo. Luego, póngase de pie y salga de la cama. Muévase un poco durante algunos minutos. De lo contrario, si se vuelve a acostar de inmediato, podría volver a caer.

Qué esperar en un trance

Cuando se encuentre en trance, se sentirá ligeramente paralizado. Pero, junto con esto, notará una energía sutil que parece abarcar su cuerpo. Esta energía puede sentirse como un suave cosquilleo en todo el cuerpo. Luego, aumentará en intensidad, convirtiéndose en las vibraciones que todo proyector conoce. Es una sensación de zumbido con electricidad en todo su cuerpo, y puede ser agradable si no reacciona con miedo o trata de luchar contra ella.

Esta vibración se produce cuando su cuerpo astral se expande para permitir la entrada de más energía. Utilizará esta energía para moverse en el plano astral. Esto sucede cada vez que se va a dormir, excepto que ahora lo está observando conscientemente. A medida que vibre, su cuerpo astral comenzará a alejarse de su cuerpo físico, ligeramente desincronizado con él.

Otro método de autohipnosis

1. Busque un lugar cómodo para relajarse. Si está sentado, utilice una silla suave y mantenga los pies y las piernas sin cruzar. Puede acostarse si lo prefiere, pero debería intentar sentarse en su lugar si descubre que se queda dormido cada vez.

2. Asegúrese de llevar ropa holgada para ello.

3. No ingiera mucha comida antes de intentar esto.

4. Asegúrese de que no habrá distracciones ni interrupciones durante los próximos veinte o treinta minutos.

5. Respire profundamente, inhalando por la nariz y exhalando por los labios ligeramente separados. Quiere que su abdomen suba y baje con cada respiración para que su cuerpo reciba todo el oxígeno que necesita para fomentar su transición a un estado alterado de conciencia, gracias al DMT.

6. Ahora, utilice la relajación muscular progresiva. Para ello, escanee su cuerpo desde la planta de los pies hasta la coronilla. Busque cualquier tensión. Cuando note la tensión, deje que se desvanezca al exhalar. También puede tensar los músculos durante un segundo y luego soltarlos al exhalar, permitiéndole caer en una relajación más profunda.

7. Al liberar la tensión, puede imaginarla como una nube oscura que sale flotando de esos lugares apretados y se aleja, disipándose en la nada.

8. Al inhalar, imagine que su respiración es una luz brillante, la esencia misma de la vida. Vea esa luz recorriendo su cuerpo, eliminando toda tensión y resistencia, llevándole a un estado de relajación total. Permita que la luz lo deje agradablemente caliente. Vea que es una manta que le envuelve agradablemente, manteniéndole a salvo, abriendo su mente para recibir las semillas que desea plantar en ella.

9. Ahora es el momento de hacer sus sugerencias. Está en un estado de relajación enfocada, y ahora puede plantar las ideas con las que desea que su subconsciente trabaje para mejorar su

proyección astral. Haga afirmaciones sencillas en tiempo presente y con una redacción positiva. Mantenga su actitud abierta y confiada.

10. A continuación, vuelva a su conciencia de vigilia habitual. No tenga prisa. Cuente hasta cinco, mientras se sugiere a sí mismo que tome conciencia de su entorno. Cuando llegue a la cuenta de cinco, abra lentamente los ojos, reconozca que se ha transformado con gratitud y luego siga con su día.

Consejos para utilizar las sugerencias

Utilice la convicción. No se limite a pensar o decir las palabras sin sentir su significado. En su lugar, dígalas con confianza y con una actitud positiva.

De nuevo, utilice siempre el tiempo presente. El uso del tiempo presente continuo mantiene su objetivo perpetuamente en el futuro, siempre inalcanzable. Recuerde, "soy", no "seré".

Sea positivo. "Soy un proyector astral exitoso", no "no soy un fracaso en la proyección astral". Céntrese en lo que prefiere, no en las cosas que preferiría no experimentar.

Sea realista. No sea demasiado ambicioso diciendo: "Iré a los planos más altos del reino astral en solo dos días". Mantenga sus objetivos pequeños y específicos, y tendrá más probabilidades de alcanzarlos. A medida que vaya aplastando estos objetivos, crecerá su confianza y, con el tiempo, estará listo para lo más grande. Elegir simplemente ver la torre Eiffel, o visitar a un ser querido, o sobrevolar su vecindario no es un mal punto de partida.

Repita, repita, repita. Cuanto más repita estas sugerencias durante su estado de trance, más profundamente se arraigarán, y más éxito tendrá en la consecución de sus objetivos.

El poder del trance

Entrar en el estado de trance para hacerse sugestiones a uno mismo puede llevar a transformaciones que le dejarán con la mandíbula colgando hasta el suelo. No puedo empezar a contarle todas las formas en las que he utilizado personalmente la autohipnosis para que mi vida pasara de ser terrible a ser literalmente un cuento de hadas.

¿Estoy insinuando que puede deshacerse de todos los problemas que tiene de un solo golpe? No. Lo que digo es que la autohipnosis es una herramienta muy infravalorada para ayudarle a dominar el juego de la vida. Puede utilizarla como herramienta para crear cambios de comportamiento en sí mismo que luego le llevarán a las soluciones o a la mejora de las circunstancias que busca.

Y si eso no le convence, puede simplemente centrarse en usar esto para acortar la curva de aprendizaje de la proyección astral.

Esto es algo que puede hacer cuando logre salir de su cuerpo. Pida a su guía que aparezca, confiando en que lo hará. En primer lugar, exprese su gratitud a su guía por haber venido. Luego, pídale que le diga todo lo que necesita saber para ayudarle a mejorar su proyección astral. Le darán información a medida basada en sus necesidades específicas, que superará cualquier cosa que pueda leer en cualquier libro, incluido el mío. Quién sabe, tal vez le digan: "Todo lo que tiene que hacer es parpadear tres veces en estado de trance y estará en el reino astral". ¿No sería *eso* genial?

Capítulo 9: Afirmar sus objetivos

Las afirmaciones son frases cortas que declara con firme convicción para lograr sus objetivos y sueños y alcanzar las cotas más altas de su potencial. Las repite a menudo para poder imprimirlas en su subconsciente. Su subconsciente puede, a su vez, tomar esas frases para ayudarle a cambiar su patrón de pensamientos, creencias, hábitos y paradigmas para que todos se alineen con lo que usted afirma.

Cuando "afirma" algo, declara que es cierto, lo que implica automáticamente que formula sus afirmaciones como hechos muy reales basados en el presente.

Por qué funcionan las afirmaciones

Tome cualquier libro sobre afirmaciones o salte a cualquier publicación de un blog o a un vídeo aleatorio de YouTube, y le dirán que hay poder en las palabras. Pues bien, eso no lo conseguirá aquí.

Las afirmaciones no funcionan porque haya poder en las palabras que elige, sino por el significado y la intención que pone en ellas. Si las palabras fueran poderosas, todos estaríamos condenados. Simplemente no funciona así.

Entonces, se preguntará, ¿cómo logran las afirmaciones efectos tan poderosos? ¿Cómo hacen que las cosas sucedan? La respuesta es que no lo hacen ellas —lo hace *usted*. El proceso de afirmación es simplemente el uso consciente y enfocado de su mente para crear la vida que prefiere. Eso es todo.

Recuerde que el poder está dentro de su persona, y solo brilla realmente cuando se hace amigo del principio de enfoque. Cuanto más se concentre en el aquí y ahora, mejores serán los resultados. Así pues, las afirmaciones son una herramienta de enfoque que le permite cambiar su mundo, reflejando sus preferencias.

Uso de afirmaciones para la proyección astral

Ahora, vamos a juntar dos excelentes prácticas para darle resultados increíbles con la proyección astral. Primero, vamos a combinar la proyección astral con la hipnosis. Si se hace bien, no tendrá problemas para salir de su cuerpo.

La hipnosis le da acceso directo a sus centros de placer y a la corteza sensorial-motora. También se trabaja con las porciones cerebrales inferiores (que manejan las emociones) y los centros de placer en el hemisferio derecho del cerebro. Este proceso se produce de forma natural cuando se desconecta la función autocognitiva del cerebro izquierdo, de modo que ya no filtra los estímulos como debería. Así, cuando usted se hipnotiza, puede plantar ideas en su cabeza que echarán raíces y le darán el resultado deseado.

El cerebro izquierdo clasifica toda la información que recibe, evaluando todos los datos que le llegan a través de los sentidos y dándoles un significado antes de dejarlos pasar al cerebro derecho. Por otro lado, el cerebro derecho no es crítico. Maneja la información de forma holística y encuentra patrones en las ocurrencias y en todos los estímulos que recibe. Acepte lo que el cerebro izquierdo le da con cero preguntas. Por eso, cuando distrae al cerebro izquierdo con el aburrimiento o lo pone en estado de trance, es fácil que las afirmaciones lleguen a su cerebro derecho. Sin las interpretaciones del cerebro izquierdo, las afirmaciones pueden hacer su magia. Por ejemplo, suponga que su objetivo es proyectarse astralmente por primera vez o mejorar su capacidad de salir del cuerpo. En ese caso, encontrará los mejores resultados administrando sugestiones a su cerebro derecho o subconsciente desde un estado de trance de que es un profesional en esto.

Afirmaciones para la proyección astral

Las siguientes son afirmaciones que puede utilizar para potenciar su capacidad de abandonar su cuerpo. Puede modificarlas para que le resulten más naturales o utilizarlas tal cual. En cualquier caso, debe asegurarse de sentir realmente el significado de las palabras y de aceptarlas acríticamente como exactas.

- Soy más que mi cuerpo físico.
- Soy conciencia en su forma más pura.
- Percibo con facilidad cosas que están más allá del reino físico.
- Tengo acceso a los reinos superiores de la existencia.
- Exploro estos reinos, de una manera u otra, aprendiendo más sobre mi ser multidimensional.
- Recibo libremente la ayuda y la sabiduría de todos los seres cuyo nivel de comprensión del reino astral es mayor que el mío.
- Recibo libremente la guía a lo largo de mis viajes.
- Recibo libremente la protección de seres benévolos con mis mejores intereses en el corazón.
- Siempre soy amado y protegido por mis guías.
- Soy luz; por lo tanto, solo atraigo lo que es luz.

- Soy bueno; por lo tanto, solo atraigo a seres buenos y a entidades de alta vibración.
- Estoy lleno de intenciones positivas; por lo tanto, solo interactúo con seres y experiencias positivas.
- Estoy en control de mis emociones.
- Estoy tranquilo durante mis proyecciones, manteniendo mi concentración con facilidad.
- Soy un maestro en dejar el reino físico para explorar el astral.
- Me resulta muy fácil abandonar mi cuerpo.
- Me resulta fácil mantener mi conciencia en el astral.
- Tengo una memoria impecable y recuerdo cada detalle de mis viajes astrales.
- Independientemente de cómo vaya mi día, me proyecto astralmente cada noche.
- Soy amor, amoroso y amado.
- Soy amor, y el amor expulsa todo el miedo.

Además de estas afirmaciones para ayudarle en su viaje astral, debería considerar la posibilidad de establecer intenciones que le ayuden a alcanzar objetivos muy definidos.

Estableciendo intenciones para la proyección astral

Cuando finalmente logre salir de su cuerpo, encontrará que su viaje es más gratificante si sabe lo que quiere lograr incluso antes de salir de su cuerpo.

En otras palabras, antes de proyectar, establezca una intención. Por ejemplo, puede decidir que le gustaría hablar con sus guías y preguntarles qué es lo que más necesita saber en esta etapa de su vida para seguir avanzando. O su objetivo puede ser canalizar energía curativa a un ser querido que podría utilizarla o viajar a un tiempo y lugar concretos del pasado, el futuro o un presente alternativo. Puede que su intención sea escuchar una pieza musical que le ayude en su composición u obtener una idea para el guion de una película o vacuna. Como probablemente puede deducir, no hay límites a las intenciones que puede establecer.

¿Y si no quiere tener ninguna intención? ¿No podría vagar libremente por el astral? Bueno, sí puede, pero lo más probable es que su conciencia se desvanezca si no le da algo en lo que concentrarse a través de su intención. Por otro lado, si cree que prefiere ver a dónde le llevan las cosas, entonces debería establecer firmemente esa intención mientras esté en estado de trance o poco antes de irse (de vuelta) a la cama. De todos modos, es mejor planificar lo que se quiere lograr de antemano para no acabar vagando por el plano astral y olvidarse de que se está proyectando.

Por ejemplo, después de trabajar en un libro durante varias horas y de no saber qué más añadir, decidí dar por terminada la noche e irme a la cama. Esa noche, me proyecté astralmente y me encontré en una biblioteca. Era la biblioteca más grande y extensa que jamás había visto, físicamente hablando, por supuesto. Pero, por desgracia, no había planeado proyectarme, así que no tenía ninguna intención en mente. Como resultado, me encontré alejándome de la biblioteca y distrayéndome con otras cosas. No fue hasta que me desperté que me di cuenta de que, si hubiera establecido una intención clara, tal vez podría haber abierto algunos de esos libros con la intención de obtener nuevas ideas para el mío.

Sin una intención clara, no es raro pasar inmediatamente de una proyección a un sueño normal. Sin duda, el sueño tendrá una calidad más vibrante y "real", pero entonces se pierde la oportunidad de ser un viajero consciente. Así que tan pronto como salga de su cuerpo, aléjese lo más posible de él. Es mejor que esté fuera de la vista. Después de eso, puede volver a centrar su atención en su intención de inmediato.

Cómo fijar las intenciones

El propio proceso de pensar en lo que va a hacer cuando se proyecta justo antes de hacerlo suele ser más que suficiente. Sin embargo, puede hacer que esta intención sea aún más sólida si la enuncia en estado de trance.

Supongamos que le gustaría ver el otro lado de la luna esta noche. Para ello, tendría que llegar al espacio exterior, de alguna manera. Podría decidir que va a llegar allí con un lanzador de cohetes, una nave espacial, un coche volador, o simplemente volando hacia allí. Podría decidir qué quiere crear un portal por el que pasar, que le lleve directamente a la otra cara de la luna. También puede tener la intención de que haya luz en toda la zona, para que no se encuentre en la oscuridad o con una visión astral deficiente, incapaz de ver nada.

Establecer la intención elegida implica repetir en su mente una sencilla afirmación que resuma lo que va a hacer. Luego, para consolidar aún más su intención, puede ensayar mentalmente todas las acciones que va a realizar en su cabeza. Los ensayos mentales también ayudan. Cuando finalmente ejecute su plan en el astral, lo habrá hecho las suficientes veces como para deshacerse de la emoción de la excitación. Es comprensible que sienta esa prisa, pero puede distraerle o sacarle del momento.

Entienda que no tiene que fijarse intenciones de cuidar cada pequeño detalle. Eso dejaría poco espacio para la sorpresa u otros elementos que podrían ayudarle a descubrir nuevas formas de crecer. Es como si abriera la aplicación de mapas de su teléfono y supiera cómo llegar de Ohio a California. Claro que puede ver la ruta, pero no tiene ni idea de con quién se va a encontrar o qué va a experimentar en el camino.

No hay reloj en esto. No sienta que tiene que apresurarse para llevar su intención hasta el final. Siento la necesidad de enfatizar esto, para que no se enfade consigo mismo si sigue proyectando y aún no ha seguido su intención. Si le sirve de ayuda, puede pasar a otro plan. Si su plan para crear un portal no funciona, comprenda que puede llegar a su destino por otros medios. Es útil tener intenciones de respaldo para que su viaje astral siga valiendo la pena.

Por ejemplo, puede tener la intención de aumentar su presencia y conciencia hasta el punto de que todo sea estable en el astral. Puede ver, oír, tocar, saborear y oler las cosas y concentrarse en que se sientan tan reales que se cuestione si se ha proyectado o no. Otra cosa que puede hacer es mantener conversaciones con los seres o entidades que encuentre. Observe lo que tienen que decir y preste atención. De esta manera, puede obtener una visión de su vida y también algo de inspiración.

Encontrará que los viajes astrales más gratificantes son aquellos en los que se propone hacer que algo suceda antes de dejar su cuerpo, y realmente lo hace. Establecer su intención le da una gran ventaja. Puede prever que se encontrará con cosas irracionales, lo que le preparará para cualquier reto al que se enfrente. Esta previsión es algo bueno, especialmente si se encuentra con dificultades para mantenerse estable y concentrado en el astral, un problema común cuando se está empezando. Así que establezca sus intenciones mientras está despierto, y lo hará muy bien.

5 formas de establecer intenciones poderosas

Encuentre el hueco entre sus pensamientos. La mente es un lugar muy ocupado, que procesa constantemente emociones, pensamientos y recuerdos, como la vez que salió del baño, sin saber que tenía la braguota abierta, etc. Sin embargo, hay pausas entre todas estas actividades. A veces la pausa es tan corta, tan fugaz, que no se nota. La manera de empezar a notar el espacio entre sus pensamientos es hacer un hábito de meditación. Al meditar, supera la mente del ego y se convierte en conciencia pura o en el silencio o espacio entre los pensamientos. Uno de los mejores momentos para establecer sus intenciones para obtener resultados poderosos es en esta brecha.

Deje ir sus deseos e intenciones. Cuando ha establecido sus intenciones, lo siguiente que debe hacer es dejarlas ir. Dejarlas ir implica que confía implícitamente en que son un hecho, y que verá su manifestación a su debido tiempo. Por lo tanto, es preciso ser deliberado a la hora de soltarlas. Es la actitud que tiene cuando ha pedido una pizza. Usted no sigue comprobando en la ventana para ver si van a llegar, y no sigue llamando a la pizzería para preguntarles si se la van a traer o no. Sabe que es suya, así que está relajado y tranquilo.

Permanezca anclado en un estado de despreocupación divina. Si desea impulsar sus intenciones, entonces quiere fijarlas desde un lugar de poder. No puede fijarlos cuando se siente desesperado o necesitado o cree que le falta algo. Así que establece siempre los propósitos desde un lugar de satisfacción y tranquilidad. Las opiniones de los demás y sus circunstancias actuales no deben afectar al hecho de que sabe que sus intenciones están fijadas y hechas. No tiene ni idea de cómo o cuándo se llevará a cabo su plan, pero sabe que es un hecho, y su ser superior está en el caso.

Desapéguese del resultado. A algunas personas les preocupa que, si practican el desapego, no obtengan los resultados que desean. No se ate a un escenario concreto. Si quiere seguridad, debe aceptar la incertidumbre. Esto parece una paradoja, pero así es como funciona la vida. La verdadera seguridad radica en abandonarse a todo lo que es, confiando en que sabe la manera perfecta de darle lo que necesita cuando lo necesita. Cuando está apegado a obtener un resultado específico, solo significa que está lleno de miedo y se siente muy inseguro. El desapego es una declaración de confianza al cien por cien en el poder que reside en su verdadero ser. Haga sus intenciones, reconozca que están funcionando como deberían, y luego déjese llevar. Las cosas se desarrollarán entonces de manera que le lleven a su fin deseado. El desapego no es una renuncia. Es permitir que las cosas se desarrollen a su favor. No interfiera en el proceso.

Delegue en el universo. Cuando tiene una intención enfocada, reúne todas las fuerzas del universo inteligente, la Fuente o Todo Lo Que Es, para que se pongan en marcha en su nombre. Su trabajo es confiar en que la misma fuerza que hace salir el sol, mantiene los planetas alineados y hace crecer la hierba es la misma que cuida de su persona. La diferencia es que, cuando la naturaleza permite que esta fuerza haga lo que debe, el hombre tiende a interponerse en el camino con el miedo, la duda y la preocupación. Así que asigna el cumplimiento de su intención al universo. No ceda a la necesidad de obsesionarse o de volverse demasiado vigilante. Eso no le hace ningún bien. Si intenta forzar un resultado, no le gustará lo que se produzca. En su lugar, deje que se desarrolle de forma natural plantando sus intenciones en un campo fértil con puro potencial. Florecerán y crecerán cuando sea el momento adecuado.

Tercera parte: Entrar en el plano astral

Capítulo 10: Preparar el proyecto

Uno no se decide a correr un maratón sin una preparación adecuada. Lo mismo se aplica a aprender a salir de su cuerpo físico. Así que, en este capítulo, vamos a cubrir todo lo que necesita para estar preparado antes de su primera proyección.

El mejor momento para viajar al astral

No hay un momento correcto o incorrecto para proyectarse. Todo se reduce a lo que funcione para usted al final. Algunas personas encuentran que proyectar justo antes de acostarse es ideal. Otros dicen que es mejor salir en las primeras horas de la mañana, después de haber dormido un poco, para estar todavía en ese estado de sueño y somnolencia. Sin embargo, puede salir de su cuerpo en cualquier momento que desee.

Si le teme a la oscuridad, entonces sería mejor practicar la proyección astral durante el día. Esto es ideal porque su miedo a la oscuridad no tendrá la oportunidad de manifestarse en el reino astral como una experiencia desagradable. Es mucho menos probable que manifieste o atraiga seres o formas mentales malévolas. Debe lidiar con este miedo antes de practicar por la noche. Lo último que quiere es desistir de la proyección astral para siempre a causa de una experiencia aterradora.

Hay más razones por las que debería proyectar por la mañana después de haber dormido un poco, además de tener el beneficio de la luz, especialmente si está empezando. Por un lado, intentar proyectar cuando está agotado al final del día puede hacer que sea menos disciplinado con el procedimiento. Además, es probable que esté demasiado cansado para mantener la mente despierta mientras su cuerpo se apaga por la noche. Además, es posible que le cueste ignorar el impulso de rascarse un picor o darse la vuelta cuando debería estar perfectamente quieto.

Por lo tanto, es mejor proyectar después de haber dormido un poco, no lo suficiente como para estar completamente despierto y alerta, sino lo suficiente como para darle algo de energía. Digamos que usted duerme ocho horas por la noche (o por día, si trabaja de noche o algo así). El mejor momento para despertarse sería a las tres o cuatro horas. Necesita la recarga de esas horas. Aun así, también ayuda estar en un estado de somnolencia con el cuerpo ya relajado, para que pueda salirse más fácilmente que si intentara hacerlo desde un estado de vigilia.

Preparar el espacio

No puede permitirse distracciones. Por eso, elimine todo el ruido y la luz que pueda. Apague su teléfono. Asegúrese de que no hay alarmas que puedan volver a encenderlo y sacarle de su estado de mente despierta y cuerpo dormido. Si prefiere dejar el teléfono encendido porque es donde documenta sus viajes y sueños, asegúrese de que todas las alertas y alarmas estén en silencio.

Es bueno tener tapones para los oídos. Lo último que quiere es llegar por fin a la fase de vibración de la proyección, solo para salir de ella porque el vecino ha decidido que ese era un buen momento para poner música que golpea la cabeza. Además, un antifaz para dormir le ayudará mucho si la luz le dificulta volver a la cama. Mantenga las cortinas cerradas también, si eso ayuda.

Si comparte la cama con alguien, es posible que le distraiga mucho cuando se dé la vuelta o se levante de la cama. En lugar de enfadarse, considere la posibilidad de cambiar la cama compartida por camas gemelas, que puede mantener cerca, pero sin tocarse. De este modo, su pareja podrá darse la vuelta, levantarse de la cama y no le molestará ni un poco. Si las camas gemelas no son una opción, piense en comprar una colchoneta. No tiene que dormir en ella toda la noche. Solo se mueve a ella cuando se proyecta. La única otra solución sería que se trasladara a un sofá. Solo asegúrese de estar lo más cómodo posible, para no tener que regresar prematuramente de su viaje por un calambre en el cuello o algo así.

Posiciones para dormir

Incrementará las probabilidades de éxito si se acuesta en una posición poco habitual para usted. Por ejemplo, si tiende a dormir de lado o boca abajo, intente dormir de espaldas para poder ralentizar el proceso de quedarse dormido lo suficiente como para controlarlo.

Algo que le resultará útil es empezar en una posición semierguida. Si tiene una silla reclinable, entonces es genial. Si no, puede apoyarse en almohadas para estar casi sentado, pero no del todo. Esto no significa que no pueda practicar acostado, pero si se da cuenta de que a menudo se duerme antes de poder proyectar, entonces podría ayudar a elevar la mitad superior de su cuerpo de alguna manera.

Resistir los impulsos

Se ha pasado toda la vida yendo a la cama dejando que su mente se duerma junto con su cuerpo. A juzgar por el hecho de que está leyendo esto, sin duda ha creado este hábito durante años y años, lo que significa que va a ser particularmente difícil de romper. La proyección astral requiere que mantenga su mente despierta mientras su cuerpo entra en un estado de sueño. Por lo tanto, vamos a repasar lo que necesita hacer para desarrollar los hábitos de sueño adecuados, empezando por resistir los impulsos.

Para proyectar con éxito, necesita llegar a un estado de mente-despierto-cuerpo-dormido. Normalmente, cuando está a punto de dormirse, su cuerpo pondrá a prueba su mente para ver si está despierta. Le picará tanto que querrá rascarse, o sentirá la necesidad de darse la vuelta, girar o ajustar su cuerpo. La única razón para ceder a este último impulso es si no estaba en una posición cómoda para empezar, por lo que debe abordar esto antes de iniciar el proceso. En cuanto a los picores, no hay nada que hacer más que resistirlos.

A veces, pueden aparecer en varios puntos a la vez. Pueden ser muy persistentes. Simplemente no se rasque. Si se limita a observarlos como un tercero ajeno o a mantener la mente ocupada en otras cosas, se le pasará al cabo de unos diez o quince segundos. Curiosamente, en el momento en que levanta la mano para rascarse, el picor desaparece. Es como si su cuerpo dijera: "¡Te tengo! Sabía que estabas despierto". Así que no ceda a las ganas.

Otra cosa que quiere evitar es tragar. Si traga, puede ralentizar el proceso o hacer que tenga que empezar de cero. Para evitarlo, eleve la cabeza con almohadas para minimizar el impulso.

Sus ojos también tienden a moverse mucho. Pero, de nuevo, esto es un hábito de la conciencia ordinaria de la vigilia. Cuando cierre los ojos, puede notar este movimiento. Puede parecer trivial, pero esto hace que los principiantes tengan dificultades para cerrar sus cuerpos. Gire ambos ojos hacia el tercer ojo, que está en el centro de la frente, justo por encima de las cejas. Sus ojos deben estar cerrados mientras hace esto, por supuesto. Cuando los enfoca en el tercer ojo, evita que se muevan, tratando de ver lo que está pasando. Su cuerpo se dormirá más rápido cuando mantenga los ojos quietos de esta manera.

La delgada línea entre el sueño y la vigilia

El proyector astral exitoso sabe lo vital que es mantener la conciencia en el estado entre el sueño y la vigilia. Para llevar a cabo esta hazaña de forma impecable, necesita mantener su mente consciente ocupada en algo. Sea lo que sea que haga, no la mantenga centrada en pensamientos demasiado excitantes, o en sus problemas, o en lo que se supone que tiene que hacer mañana, porque eso es una receta para el insomnio.

Lo mejor es tener un mantra que repita una y otra vez. Puede ser tan simple como "Mente despierta, cuerpo dormido". Repita esto en su mente, no en voz alta. A algunas personas les resulta difícil repetir un mantra porque eso les adormece. Por eso, la mejor opción es hacer una cuenta atrás de trescientos a uno. Lo bueno de esta cuenta atrás es que es una tarea monótona, pero también mantiene su mente lo suficientemente activa como para que no se le duerma.

Ahora bien, a veces puede encontrarse con que se ha quedado dormido mientras cuenta. Si esto ocurre y se da cuenta, no se preocupe. Simplemente retoma el conteo en el punto en que lo dejó, o elija cualquier número al azar y continúe contando desde allí. No es necesario ser preciso. Solo necesita mantener su mente despierta y ocupada.

No debe castigarse si se da cuenta de que se queda dormido. En realidad, esto es algo bueno si sabe cómo trabajar con ello. Cuanto más practique la oscilación entre el sueño y la vigilia, más probabilidades tendrá de realizar viajes astrales con éxito. Además, cuanto más entre y salga del sueño, más cerca estará de la fase de vibración (que comienza con la sensación de una agradable pesadez que sube desde los pies hasta la cabeza).

Para mejorar la capacidad de sacar la mente del sueño, puede utilizar el método sugerido por Robert Monroe. Acuéstese boca arriba y mantenga un antebrazo en el aire. Cuando entre en el sueño, lo dejará caer, lo que hará que se despierte de nuevo. Si esto le resulta incómodo, puede atar un peso a un trozo de cuerda y luego atar el otro extremo de la cuerda alrededor de un dedo. A continuación, deje que su mano cuelgue sobre la cama, sosteniendo el peso en ella. Cuando se duerma, la mano soltará la pesa y la fuerza con la que caiga tirará del dedo, lo que hará que su mente vuelva a despertarse. Cuanto más practique esto, más pronto será capaz de mantener este estado intermedio sin necesidad de apoyos o posiciones únicas que le ayuden.

Posturas de yoga para la proyección astral

Antes de proyectarse astralmente, puede aprovechar el yoga para ayudarle a aumentar las probabilidades a su favor. Lo ideal es que estos movimientos sean rutinarios para usted, y que los haga con un movimiento fluido, pasando de una postura a la siguiente. Le ayudarán a mantenerse alerta pero relajado, lo que es excelente para el viaje astral. Será más probable que se mantenga despierto. Las posturas son fáciles de dominar, así que no se preocupe por tener que ser un acróbata o un contorsionista.

Urdhva Hastasana (postura de las manos hacia arriba): Póngase de pie con los dos pies separados a la anchura de las caderas. Mueva los brazos hacia el frente desde su lado. Levántelos completamente por encima de la cabeza y estírelos hacia arriba, con las palmas de las manos enfrentadas. Deje que este estiramiento trabaje los costados, los hombros, la espalda y el estómago. Libere esta postura permitiendo que sus manos vuelvan a bajar, de la misma manera que las levantó.

Postura de la mano hacia arriba

Uttanasana (Flexión hacia delante): Se dobla la cadera al exhalar de la postura anterior. Acerca el pecho a las rodillas. Manténgalas lo más cerca posible sin forzarlas, colocando las manos en el suelo junto a los pies o justo debajo de las rodillas. De nuevo, no fuerce el estiramiento. Sentirá este estiramiento en las pantorrillas, los isquiotibiales y la parte baja de la espalda.

Flexión hacia delante

Bhujangasana (Postura de la Cobra): Desde la flexión hacia delante, camine sobre sus manos, asegurándose de que el peso de su cuerpo se distribuye uniformemente entre las manos y los pies. Camine hasta que esté en posición de plancha completa, y luego deje que la parte inferior de los abdominales y las piernas se apoyen en el suelo. La parte superior de los pies debe estar apoyada en el suelo, si puede hacerlo. Para facilitar las cosas, si no puede realizar una plancha, túmbese boca abajo, manteniendo los brazos planos y al lado del vientre. Luego, con los codos doblados, levante la cabeza y el pecho. Notará que los omóplatos se aprietan en el centro mientras los músculos del pecho se abren.

Postura de la Cobra

Adho Mukha Svanasana (Perro mirando hacia abajo): Desde la postura de la cobra, vuelva a la posición de plancha y tire de las caderas hacia atrás. Las manos, que siguen apoyadas en el suelo, deben estar extendidas frente a usted. Si lo hace bien, su cuerpo se asemejará a una "V" invertida. Relájese en este estiramiento, pero no lo fuerce.

Perro mirando hacia abajo

Virabhadrasana I (Guerrero 1): Desde la postura del perro mirando hacia abajo, lleve un pie entre ambas manos y luego levante el torso. Debe tener una pierna estirada detrás de usted y la otra delante, doblada. Piense en ello como una embestida, excepto que su pie trasero se alinea con el delantero y también apunta hacia fuera, ligeramente. Lo ideal es que el talón del pie delantero se alinee con el arco del pie de atrás.

Inclínese hacia este estiramiento, y luego levante las manos para que estén por encima de usted. Junte las manos. Sentirá este en sus piernas, cintura y caderas. Para salir de esta posición, mueva la pierna de atrás para que se encuentre con la de adelante.

Repita estos movimientos, terminando con el Guerrero 1 en las piernas opuestas. Solo necesita unos minutos para terminar esta rutina, pero puede repetirla tantas veces como quiera. Es una gran manera de deshacerse de la tensión, que puede mantener su cuerpo astral atascado en el físico si no se trata.

Postura del Guerrero 1

Más consejos útiles para la proyección astral

Practique por la mañana. Al menos al principio. Luego, a medida que adquiera experiencia, podrá viajar a donde quiera.

Conozca su plan de antemano. ¿Va a visitar un lugar, un ser querido o un guía? ¿O pretende meditar sobre la salud o la riqueza en el plano astral? Entonces, cuando esté fuera, debe saber con precisión cómo lo va a hacer y tener también planes de respaldo para que cada viaje sea fructífero.

Protéjase. Idealmente, saber que está a salvo es protección más que suficiente. Sin embargo, si tiene la sensación de necesitarla, puede imaginarse rodeado de una luz dorada o blanca. Imagínese esta luz como una burbuja impenetrable a su alrededor, que le mantiene a salvo de toda malevolencia.

Desarrolle su cuerpo energético. Debe aprender sobre los chakras y cómo meditar para mantenerlos limpios, abiertos y energizados. Alimentan tanto su cuerpo astral como el físico con la energía necesaria para funcionar óptimamente. Medite en cada uno de ellos. Visualice sus colores. Observe cómo brillan más a medida que florecen en su interior.

Deshágase de todas las joyas antes de proyectar. Una cosa fascinante que ocurre cuando lleva joyas puestas es que todo su cuerpo astral puede salir del físico, pero no puede separarse en los puntos en los que lleva joyas. Por lo tanto, deje los hermosos brazaletes astrales. Puede usarlos cuando esté de vuelta.

Utilice la técnica adecuada para usted. Cuando comience, algunos métodos no le funcionarán. Sin embargo, eso no significa que no pueda proyectar. Pruebe cada técnica varias veces hasta que encuentre la que le resulte más fácil.

No se permita tener miedo. Tiene que seguir siendo dueño de su mente. Mantenga la calma y no deje que sus emociones le dominen. Recuerde que el mundo astral está influenciado por los pensamientos y los sentimientos, así que no puede permitirse que su mente le alimente con ideas que no le ayuden. El miedo le llevará a planos astrales inferiores con seres que no tienen buenas intenciones para consigo. Llene su corazón de amor afirmando que es amor, amoroso y amado. Recuerde que afirmar significa que quiere decir cada palabra. Cuanto más se acepte a sí mismo como amor, más altos serán los reinos que visitará.

Pruebe a oscurecer la habitación. He realizado proyecciones astrales a plena luz del día. De hecho, mi primera proyección astral fue a plena luz del sol, con todas las cortinas levantadas. Sin embargo, si encuentra que la luz es un problema, puede oscurecer la habitación y ver si eso le ayuda. *Pero* asegúrese de que haya un poco de luz para poder ver a su alrededor, especialmente si tiene miedo a la oscuridad.

Lea otros libros y consuma materiales sobre la proyección astral. Cuanto más lea, más aprenderá. Siempre se pueden encontrar preciosas pepitas de oro cuando se aprende de los demás.

Sea cuidadoso con lo que desea. El plano astral afecta al físico. Así que, mientras está allí, tenga cuidado con lo que desea porque definitivamente lo va a conseguir.

Domine su cuerpo astral. Cuando salga por primera vez de su cuerpo, concéntrese en aprender a utilizarlo. No trate de ir a lugares sin entender cómo funciona. Para ello, puede permanecer en su habitación, pero no preste atención a su cuerpo dormido en la cama, para no ser absorbido de nuevo.

Domine las órdenes mentales. Si descubre que no puede ver bien, puede pensar con autoridad: "¡Mejora la vista, ya!". ¿Se mueve con lentitud? Piense: "¡Aumenta la energía, ahora!". ¿Quiere ir al sol? Diga: "¡Al sol, ahora!". Estas palabras no son necesarias. Con el tiempo, descubrirá que basta con tener una intención firme sobre lo que quiere en el momento para cumplirlo.

Sea preciso con sus órdenes. Por ejemplo, supongamos que tiene la intención de viajar en el tiempo a la época de Hitler. Necesita especificar si es cuando era un bebé o si ya está haciendo daño en el poder.

No puede interactuar con personas físicas. Esto se debe a que los reinos astral y físico son de dos vibraciones diferentes. Por lo tanto, no espere poder interactuar con la gente. Dicho esto, de vez en cuando, podrá hacer notar o sentir su presencia, especialmente con aquellos que están muy en contacto con su yo psíquico y espiritual.

No hay que temer ningún peligro. Si las cosas le parecen demasiado, siempre puede volver a lo físico.

Espere a sus guías. Aparecerán después de algún tiempo. Sabrá que son sus verdaderos guías a través de una sensación de conocimiento interno. La sensación será inconfundible. Entonces, respete, aprecie y obedezca lo que le enseñan.

Es libre, pero debe ser responsable de esa libertad. No utilice sus habilidades para el mal, y no invada la privacidad de otras personas solo para su placer. Si va a hacerlo, debe ser por una razón que beneficie al bien mayor.

Capítulo 11: Concentración con música y mantras

Música para la proyección astral

No necesita la música para proyectarse astralmente, aunque ciertamente puede comenzar con ella si le ayuda. Sin embargo, su objetivo debe ser dejar de necesitar la música para poder concentrarse en su viaje astral sin que este se vea afectado por el estado de ánimo de la música.

Dicho esto, podría escuchar música barroca, como Monteverdi, Purcell, Vivaldi, etc. La música del periodo barroco suele tener entre 50 y 80 pulsaciones por minuto. Este es el ritmo perfecto que le permite entrar en un estado de profunda concentración, o la frecuencia de ondas cerebrales Alfa, propicia para salir de su cuerpo.

También vale la pena probar Hemi-Sync, del Instituto Monroe. Está especialmente diseñado para las proyecciones astrales. Dicho esto, hay algunas personas a las que no les funciona, así que no le dé vueltas si no nota nada.

Uso de los tambores chamánicos para la proyección astral

Todos experimentamos una cosa cuando llegamos al mundo: el ritmo. Concretamente, la sensación de ritmo, no el sonido. El latido del corazón de su madre fue lo primero que pudo sentir, junto con su respiración constante. Ahí es donde conocimos el ritmo por primera vez. Es algo primitivo.

Cuando escucha música de percusión, cualquier parte de su cuerpo astral y físico que no tenga energía fluyendo a través de ella se abre inmediatamente y se llena de vitalidad. Esto se potencia aún más cuando se toca la batería en grupo. Esto también explica por qué no puede evitar mover su cuerpo al ritmo de la buena música, incluso si limita el movimiento a los golpes. No es de extrañar entonces que el poder chamánico pueda alterar nuestra conciencia.

Para que esto funcione para usted, necesita un compañero, o incluso mejor, un grupo de amigos en los que confíe. También se necesita algún tambor. El tambor parlante africano es perfecto para esto.

Tradicionalmente, los chamanes cruzaban al otro lado y volvían con información para ayudar a todos los que les rodeaban. Así que no dude en pedir ayuda a sus amigos, ya que podría tener información beneficiosa para ellos. Su trabajo consiste en ayudarle con los tambores.

A continuación, debería asegurarse de que lleva ropa holgada. Si es lo que desea, puede ir en su traje de Adán (si está solo o a sus amigos de confianza no les importa, por supuesto). La cuestión es que debe estar cómodo, independientemente de la temperatura. También asegúrese de no comer justo antes de intentar proyectar, pero que tampoco tenga hambre.

Elimine todas las distracciones y haga que sus amigos le rodeen en un círculo. Va a cantar su mantra mientras sus amigos tocan el tambor. Ayúdeles a comprender que el tamborileo tiene que pasar de ser suave y lento a ser fuerte y frenético a medida que noten que usted se agota de dar vueltas al círculo. Por supuesto, si usted prefiere trabajar solo, también está bien. Puede encontrar música de tambores chamánicos en Spotify o Deezer o consultar en YouTube las que más le gusten para usar.

Establezca sus intenciones. Debería saber lo que va a hacer una vez que esté fuera de su cuerpo. Teniendo en cuenta sus intenciones, puede tomarse un momento para presentar sus respetos a su guía astral y agradecerle de antemano su ayuda en su viaje.

Ahora es el momento de bailar alrededor del círculo en el sentido de las agujas del reloj. Muévase al ritmo de los tambores, sintiendo su impacto en el centro de su corazón. Una vez que haya dado unas tres vueltas, notará que su estado de ánimo cambiará. Cuando no puede continuar, está en lo que se llama "el muro del corredor".

Imagine que esta pared es el suelo, y que está en el centro del círculo. Con lo que le queda de fuerza, caiga sobre esa pared. Deje que el impulso de su danza le lleve al suelo. Piense en ese impulso como una energía astral que le da poder, e imagine a su guía montando esa ola de energía junto consigo. Una vez que se conecte con el suelo, sienta que su cuerpo astral atraviesa esa pared. Sienta que su mente se abre de par en par con esa misma energía. Este es el punto en el que sus amigos tienen que ralentizar sus tambores al mismo ritmo que sus latidos en reposo.

Audios de inducción de ondas cerebrales

Otra gran manera de facilitar su búsqueda es utilizar el audio de inducción de ondas cerebrales. La inducción de ondas cerebrales también se denomina sincronización de ondas cerebrales. Es el proceso de generar frecuencias específicas de ondas cerebrales en su persona, utilizando un estímulo que coincida con las frecuencias del estado cerebral que desea alcanzar.

Su cerebro tiene la costumbre de ajustar su frecuencia electroencefalográfica principal cuando hay un estímulo suficientemente fuerte, que en este caso sería el sonido. Así que, en lugar de optar por la música normal, puede aumentar sus posibilidades utilizando música creada específicamente con audio de inducción de ondas cerebrales. Piense en ello como un atajo para llegar al plano astral. Por supuesto, esto no significa que no tenga que hacer ningún trabajo de concentración, pero seguramente le resultará más fácil abandonar su cuerpo.

Los siguientes son audios de inducción de ondas cerebrales que vale la pena mirar:

Latidos binaurales: este audio tiene dos señales diferentes a la izquierda y a la derecha, que hacen que su cerebro ajuste su frecuencia en consecuencia. Estas señales o tonos son sonidos largos y continuos por sí mismos. Sin embargo, cuando se colocan los auriculares, generan un nuevo tono, que es el propio latido. Parece que escucha un ritmo constante y percusivo, pero no es así. Es su cerebro el que combina los dos sonidos continuos en uno pulsante. Si tiene un tono de 505 Hertz en un oído y 495 Hertz en el otro, obtendrá un tono de 10 Hertz, que es subsónico y está en el punto medio de la gama de frecuencias Alfa. La reproducción de ritmos binaurales con altavoces los convierte en ritmos monoaurales, por lo que se necesitan auriculares para utilizarlos eficazmente.

Latidos monoaurales: utilizan un único latido que pulsa de forma constante. Suena como un pulso o un clic cuando está en la música porque se juntan dos tonos de un solo altavoz. No se necesitan auriculares para los ritmos monoaurales y, de hecho, son mucho más eficaces que los binaurales. Suelen interferir con la música de forma desagradable, así que es mejor utilizarlos solos si eso le molesta.

Latidos isocrónicos: son una forma de latidos monoaurales. Son tonos únicos, pero se diferencian de los monoaurales porque tienen un pulso sinusoidal en lugar de un tono único con pulsos separados. En castellano: los tonos isocrónicos son sonidos que se encienden y apagan con un ritmo constante. Este cambio constante entre "encendido" y "apagado" es lo que influye en su cerebro para cambiar sus frecuencias. Puede reproducir los ritmos isocrónicos con su altavoz y seguir cosechando todos los beneficios.

La inducción de luz y sonido: utiliza máquinas de luz y sonido, o máquinas mentales, si se quiere. El audio utilizado en esta forma de inducción incluye ritmos monoaurales, binaurales e isocrónicos. Son mucho más potentes que los ritmos de audio de forma independiente, y actúan mucho más rápido. También se trabaja con gafas con diodos en ellas o con una pantalla de ordenador que muestra luces que parpadean en sincronía con el audio. Una vez más, se trata de un material muy potente, así que no comience a utilizarlo sin antes comprobar las otras formas de inducción. Además, utilícelo con precaución.

Hay otras formas de inducción de ondas cerebrales, pero nos centramos en lo que funciona junto con la música y los mantras, así que esto es todo lo que necesita saber.

Mantras

Uno de los requisitos más importantes para dominar la proyección astral es elevar el nivel de conciencia en reposo. Se trata de dominar el arte de estar en un estado de reposo completo, en cuerpo y mente, siendo plenamente consciente de lo que ocurre, en lugar de quedarse dormido por agotamiento o aburrimiento. Afortunadamente, si puede aprender cualquier habilidad, también puede aprender esta. Una forma estupenda de acelerar el proceso de aprendizaje es utilizar música y mantras. Lo bueno de utilizar estas herramientas es que no solo aumentan su nivel de conciencia en reposo, sino que pueden ayudarle a abandonar su cuerpo directamente desde la conciencia despierta.

Un mantra es cualquier palabra o frase que se dice mentalmente o en voz alta, una y otra vez. Los mantras pueden carecer de significado o tenerlo. Para la proyección astral, lo mejor es utilizar mantras que signifiquen algo para usted y mantener un lenguaje positivo. Como siempre, redacte sus mantras en tiempo presente, no en pasado ni en presente continuo, ni en tiempo futuro.

Los mantras no son un concepto español. Sin embargo, eso no significa que un mantra en español sea menos potente que uno en sánscrito. Recuerde que el verdadero poder no reside en la palabra en sí, sino en el significado que le atribuye. Así que puede aumentar su conciencia ahora mismo con un mantra perfectamente redactado para sus intenciones.

Ponerse en el estado mental adecuado para la proyección astral es fácil y desafiante con los mantras. No es necesario pensar demasiado en ellos y no hay que recordar ningún paso, así que esa es la parte fácil. La parte difícil es mantenerse en el filo de la navaja de estar despierto y dormido.

Cuando haya elegido un mantra, debe recordar que no puede repetirlo sin sentido. Tiene que hacerlo con plena conciencia, respaldándolo con su fuerza de voluntad. Puede considerarse como un ejercicio de concentración. Tiene que mantener su atención directamente en el significado de su mantra. Lo ideal es que se convierta en un hábito cada noche, y cosechará los frutos.

Para utilizar su mantra, asegúrese de estar en una posición muy cómoda para dormir, de modo que no tenga motivos para moverse o inquietarse. Por ejemplo, si tiene un poco de sobrepeso, es posible que ronque si se tumba boca arriba, y ese sonido le distraerá. Lo mejor en este caso es acostarse sobre el lado izquierdo para obtener buenos resultados. Luego, cuando esté seguro de que está muy cómodo y no tendrá motivos para moverse, puede empezar con el mantra.

Cómo utilizar el mantra

Comience cantando el mantra elegido en voz alta, y luego, a medida que se relaje, cántelo en su mente. A medida que repita el mantra, reflexione sobre su significado. No se sorprenda si obtiene una proyección astral exitosa de inmediato. Esta es una técnica de proyección astral muy poderosa, si se hace bien. Si le cuesta encontrar un buen mantra, puede optar por este sencillo: *Estoy despierto y consciente en todos los reinos.*

Debe pensar en las palabras que está diciendo mientras usa el mantra para aumentar la capacidad de su mente consciente de mantener su conciencia y fortalecerse en el enfoque. Si las repite sin pensar, estará fortaleciendo su mente subconsciente, lo cual es casi una cosa sin sentido, ya que es poderosa.

Cuando haya repetido su mantra suficientes veces, lo más probable es que note que se está quedando dormido. Es posible que sus palabras se cuelguen o arrastren, o que diga otra cosa. Oír esto no debe desanimarle. Significa que es consciente de que se está quedando dormido, lo cual es bueno. Lo único que necesita hacer es reanudar el canto del mantra. En el proceso, mantendrá el equilibrio entre el sueño y la vigilia. Descubrirá cómo engañar a su cuerpo para que asuma que está profundamente dormido cuando su mente está completamente despierta.

No utilice su mantra solo cuando quiera hacer un viaje astral. Por el contrario, debe utilizarlo a diario para aumentar su capacidad de permanecer consciente en el descanso y a lo largo del día. Siéntese en una silla cómoda, o en un taburete, o en el suelo si lo desea, y cante su mantra durante diez o quince minutos.

Mantras para la proyección astral

Gracias a las enseñanzas gnósticas de Samael Aun Weor, hay muchos mantras que puede utilizar para salir de su cuerpo, cada uno de ellos tan poderoso como el resto. Aquí está cómo pronunciar las vocales en estos mantras:

- *A* como en "alfa".
- *E* como en "elefante".
- *I* e *Y* como en "iglesia".
- *O* como en "oso".
- *U* como en "uva".

Ahora pasemos a los mantras.

La Ra: Samael habla de este mantra cuando escribió sobre el templo de Chapultepec en la 4ª dimensión en el libro *Los Grandes Misterios* (1956). Dijo que todo lo que tiene que hacer es cantar el mantra en su mente mientras presta atención al sonido particularmente agudo en su interior, casi como un grillo. Este es el sonido interno. Necesita estar cansado y ser capaz de mantener su mente despierta.

Si lo hace bien, en cuanto entre en el estado de trance, sentirá ese sonido agudo de grillo en su cabeza. Lo que necesita hacer es adormecerse un poco más y luego levantarse de la cama con su intención al frente y en el centro de su mente.

Tai Re Re: puede adormecerse a sí mismo con esto. Funciona muy bien para aquellos que tienden a dormirse en cuanto la cabeza toca la almohada. Cántelo de forma cantarina, enfatizando la A de Tai. Los tres resonantes deben ser encadenados de manera que sean melodiosos, como una campana que suena. No ruede las erres. El Tai debe ser cantado en una nota más profunda y baja que el resto del mantra.

Fa Ra On: viene de la palabra "Faraón". Samael enseña que debe relajarse y luego usar el mantra. Puede decirlo en voz alta al principio y luego hacerlo cada vez más suave. Finalmente, deje que el canto se convierta en algo puramente mental. Mientras lo canta, visualice la Gran Pirámide de Egipto, solo si lo desea. *Egipto* es otro mantra relacionado con el Antiguo Egipto si está interesado en explorar ese tiempo y lugar o aprender de los templos.

Rústico: Samael dice que debe acostarse horizontalmente en su cama y permitir que su cuerpo se relaje, para que no haya tensión en el cuerpo astral desde el físico. Cante esto en su mente y obsérvese mientras se duerme. Permítase adormecerse mientras canta el mantra de esta manera: Ruuuuusssstiiii.

Cuando note que está en el filo de la navaja, levántese de la cama y salga de su habitación. No piense demasiado en el proceso de dejar la cama, y le resultará mucho más fácil abandonar su cuerpo físico. Suponga que requiere un esfuerzo, y le costará ir.

S: este mantra es fácil porque todo lo que necesita hacer es emitir el sonido "S" en un estado de agotamiento. Cuando está en el vacío, todo lo que tiene que hacer es levantarse y salir de la cama. Cuando se levante de la cama, hágalo con la misma actitud con la que se levantaba cuando no sabía nada de la proyección astral. No es una cosa mental, sino que es solo la acción de levantarse.

Ahora tiene un surtido de mantras para trabajar que le ayudarán a llegar al plano astral.

Capítulo 12: El método de meditación

Relajarse es probablemente la parte más difícil de la proyección astral para mucha gente. Todos tenemos que lidiar con factores de estrés cada día, en el trabajo, en la escuela y en casa. Si tiene problemas de salud mental, entonces ser capaz de relajarse puede ser doblemente difícil para usted. El estrés es un factor que nos dificulta el funcionamiento correcto en nuestro día a día, así que, por supuesto, es lógico que también nos dificulte la proyección astral. En lugar de recurrir a fármacos perjudiciales, debería considerar tomar sus "medicinas" diarias, es decir, meditar a diario.

El Centro Nacional de Salud Complementaria e Integrativa dice que la meditación implica tanto al cuerpo como a la mente. Históricamente, esta práctica se ha utilizado para potenciar la relajación física y la calma mental, proporcionando una mente equilibrada, mejor salud y bienestar general. No es una práctica nueva en absoluto. El budismo y otras culturas similares tratan sobre el proceso de llegar a la iluminación mediante la meditación. Han practicado todo tipo de meditación durante cientos de años.

Por qué debe meditar

La meditación le ayudará a aliviar el estrés, lo cual es muy importante porque cuando su cuerpo y su mente están crónicamente estresados, los telómeros de su cuerpo se acortan. Los telómeros son los responsables de mantener intactos los cromosomas de su cuerpo. Si se desvanecen, sus cromosomas se romperán, y esto causará debilidad en sus huesos y sistema inmunológico, entre otras cosas. En junio de 2016, ScienceDirect publicó un estudio que demuestra que la meditación regular reduce el estrés y la respuesta inflamatoria a las fuentes químicas y psicológicas de estrés a largo plazo. Esto significa que consigue vivir más tiempo y con más salud.

Sin embargo, no ha cogido este libro para aprender a estar más sano. Quiere tener proyecciones astrales. La meditación le ayuda en el proceso porque la práctica constante le revelará la verdadera naturaleza de la realidad. Cuanto más medite, más experiencias paranormales tendrá, que le mostrarán que la vida no es lo que parece y que el poder está dentro de su persona para ser, hacer y tenerlo todo. Encontrará que su mente se vuelve más abierta y acepta la verdad sobre nuestra existencia multidimensional, comprendiendo que el mundo físico es apenas la punta del iceberg. Esta es la mentalidad correcta que hay que tener hacia asuntos espirituales como la proyección astral.

La proyección astral requiere el dominio de la mente, y descubrirá que no hay mejor manera de hacerse cargo de sus pensamientos y emociones que practicando la meditación. Cuanto más medite, más libre de miedo se volverá. Libera a su mente subconsciente de todas las fobias, adicciones, depresión y ansiedad que le impiden salir de su cuerpo.

Aquí hay más razones para meditar:

1. La meditación le ayuda a fortalecer su cerebro para que sea más feliz, esté menos estresado, tenga más éxito y tenga una memoria estelar. También le facilita conciliar el sueño

(manteniendo la mente alerta), le ayuda en el aprendizaje y mejora sus cocientes emocionales y de inteligencia.

2. Equilibra ambos hemisferios de su cerebro para que este esté totalmente sincronizado, lo que conduce a una fantástica creatividad y perspicacia, así como a una mejor salud mental.

3. Puede aumentar su serotonina, endorfinas y otras sustancias químicas mientras reduce el cortisol, la hormona del estrés.

4. Luce más joven de lo que realmente está y se siente así sin necesidad de costosos productos de belleza o excesivos suplementos.

5. ¿Intenta perder peso? Acelere el proceso con la meditación. *El diario de la obesidad* (Robinson et al.) estudió la conexión entre la pérdida de peso y la imagen corporal, trabajando con 14.000 adultos. Descubrieron que los que se consideraban gordos eran propensos a engordar en el futuro. Los investigadores de la facultad de medicina de la UCLA descubrieron que la meditación mejora la región del cerebro responsable de ser compasivo con uno mismo para dejar de pensar en el sobrepeso. Como resultado, usted pierde grasa.

6. Las personas más exitosas del mundo suelen atribuir su éxito a la meditación.

7. Su intuición mejora cuanto más medita, junto con su fortaleza mental, su valor y su felicidad.

8. Si sufre de insomnio, considere hacer de la meditación una práctica en su vida.

Preparación para proyectar utilizando la meditación

Antes de comenzar, necesita asegurarse de prepararse. Es posible que al principio tenga problemas para permanecer en un estado de meditación durante periodos prolongados, ya que esto no es habitual en usted. Aun así, puede preparar las cosas para que su sesión vaya relativamente bien de todos modos.

En primer lugar, tiene que deshacerse de todas las distracciones. Si tiene una mascota, consiga que alguien la cuide o póngala en otra habitación y cierre la puerta. Si tiene hijos y están en una edad en la que conseguir que se callen es una hazaña hercúlea, puede practicar esto cuando sea la hora de la siesta o hacer que vayan a jugar. También puede darles algo que ocupe su atención.

Ponga el teléfono en modo silencioso o apáguelo por completo. Si quiere recibir llamadas de determinadas personas, puede configurar su teléfono para que solo suene cuando le llamen, de modo que esté disponible en caso de emergencia.

Baje las luces de la habitación a un grado cómodo, para que no le distraiga la luz y no le preocupe que esté demasiado oscuro. Si lo prefiere, puede utilizar velas aromáticas para ambientar la habitación y hacerla agradable y cálida. Hablando de ambientar, puede poner música relajante para meditar. Encontrará excelentes listas de reproducción de meditación en Spotify o YouTube.

¿Vive en un lugar ruidoso? Entonces puede subir el volumen de su música de meditación o utilizar sus auriculares. El mejor tipo de música es la que no tiene tambores, algo tranquilo que le haga sentir en paz. Si la meditación se realiza sin música, puede utilizar tapones para los oídos. Tampoco es mala idea invertir en una máquina de ruido blanco. Este aparato eliminará el ruido de los vecinos, del tráfico y de los aparatos eléctricos, como la nevera.

Asegúrese de estar lo más cómodo posible. Para ello, póngase ropa holgada y mantenga su habitación a la temperatura perfecta, para que no tenga que interrumpir su viaje solo porque hace demasiado calor o frío. Otra cosa a la que tiene que prestar atención es a cómo se sienta. Asegúrese de que no tendrá hormigueos con el paso del tiempo. Por último, haga lo que haga, no se acueste, especialmente cuando esté iniciando el viaje. Si no, podría quedarse dormido.

El método de meditación de Robert Monroe para la proyección astral

Robert Monroe es una leyenda en el campo de los viajes astrales. Aquí está su método para la proyección astral a través de un estado de trance inducido por la meditación.

1. **Relájese.** Su cuerpo y su mente deben estar tranquilos. Utilice el método de relajación progresiva escaneando su cuerpo desde los pies, las pantorrillas, los muslos, el torso y los brazos hasta el cuello y la cabeza. Si siente un poco de tensión en alguna parte, exhálela. Puede escanear su cuerpo varias veces hasta que sienta que está preparado para el siguiente paso.

2. **Entre en estado de trance.** Permanezca quieto, mantenga los ojos cerrados, ignore todos los impulsos de girar y rascarse cualquier picor. Cuente de 300 a 1 para mantener su mente alerta mientras su cuerpo se duerme. Recuerde que no pasa nada si pierde la cuenta. Puede volver a empezar.

3. **Induzca las vibraciones.** Para ello, Monroe sugiere que se imagine que ya está vibrando. Sienta las vibraciones en su mente, y llegarán.

4. **Aduéñese de las vibraciones.** Juegue a detenerlas y a reiniciarlas, para saber que es el capitán de esta nave astral. Puede controlarlas con una simple intención y sensación.

5. **Imagine que se está separando.** Permanezca plenamente consciente del pensamiento de su cuerpo astral abandonando el físico. La concentración es la clave. Si sus pensamientos se desvían, perderá el control y tendrá que empezar el proceso de nuevo.

6. **Disocie el cuerpo astral del físico.** Puede hacerlo imaginando que se vuelve cada vez más ligero, tan ligero que flota y sale de su cuerpo con facilidad. Si le resulta difícil hacerlo, Monroe le sugiere que practique una separación parcial. Empuje su pie o mano astral a través de la pared o el suelo, y luego devuélvalo a su cuerpo normal.

Tal vez se pregunte, ¿dónde está exactamente la meditación en todo esto? Cada vez que tiene que fijar su conciencia en algo, ya sea un objeto, una sensación, su respiración o el estado de mente-despierto-cuerpo dormido, en realidad está meditando. La relajación progresiva es una forma de meditación. La atención plena es otra forma, y el viajero astral que tiene éxito sabe lo importante que es que preste atención a su mente.

Entrar en un estado de meditación profunda

Para entrar en una meditación profunda, hay que calentar adecuadamente. En otras palabras, debe estar completamente relajado. La respiración profunda es esencial. También deberá asegurarse de que su cabeza está en el espacio correcto, y su intención de entrar en meditación profunda es clara y fuerte.

Los distintos métodos de meditación tendrán sus propios efectos en su mente, dependiendo de la profundidad que se permita alcanzar. Por lo general, se encontrará inmerso en un mar de calma, con su enfoque claro y todo su ser centrado en el aquí y ahora. Como resultado, sentirá una sensación de satisfacción, claridad y plena conciencia.

Antes de profundizar

Lo primero es lo primero, ralentizar la respiración y relajar el cuerpo. La respiración, el cuerpo y la mente están conectados. Cuando respira más lenta y profundamente, calma su mente y su cuerpo se relaja. El sistema nervioso parasimpático entra en acción y la respuesta al estrés disminuye.

Asegúrese de ponerse ropa suelta y cómoda. Siéntese en una silla o en un cojín cómodo y cierre los ojos. Inhale por la nariz y luego exhale por los labios ligeramente separados. Eso es un ciclo de respiración. Repítalo dos veces más, o hasta cinco veces si eso le ayuda a relajarse mejor. Haga que sus respiraciones sean profundas y uniformes. Notará que la exhalación es más larga que la inhalación. Esto está bien.

Al inhalar, siéntase arraigado al presente, plenamente consciente del aquí y ahora. Al exhalar, deje que su cuerpo se relaje completamente, liberando toda la tensión en todos los músculos. Preste atención a la frente, la lengua, la garganta y la mandíbula. Estos lugares tienden a acarrear tensión, así que asegúrese de relajarlos conscientemente.

Entre en un estado de alegría y satisfacción. Asegúrese de que así es como se siente antes de meditar. Esto le dice a su mente que todo está bien, y que no hay necesidad de saltar de un pensamiento a otro con inquietud. Puede recordar algo por lo que esté agradecido o lo bien que se siente al meditar si tiene experiencia en ello. Si es religioso, puede decir una breve oración a su deidad antes de meditar. Esto centrará aún más su atención y le dará el sentido de sacralidad necesario para que sea una experiencia fructífera. Sienta amor y agradecimiento por estar aprendiendo a sanar su mente y a crecer en su dominio de esta fantástica herramienta.

Exprese su intención. Con plena conciencia del significado de sus palabras, declare su intención, es decir, lo que quiere obtener de este estado de meditación profunda. Por ejemplo, puede tener la intención de aumentar su nivel de conciencia en reposo o de acceder a una visión única que lleve su vida al siguiente nivel. Es útil añadir una afirmación como esta "Durante los próximos diez minutos, centraré toda mi atención en mi meditación. No tengo nada que hacer ni nada en lo que pensar en este momento. La mente está en paz. Atenderé todos los pensamientos después de mi meditación. Comenzaré mi concentración, ahora".

Escoja algo en lo que pueda poner su conciencia. Puede ser su respiración, la luz de una vela o un punto en la pared. No importa lo que escoja, siempre y cuando mantenga su conciencia entrenada en ello. Podría concentrarse en cualquiera de sus chakras o en todos ellos. Podría simplemente sentarse con la conciencia de que su ser superior o guía está consigo. Podría mantener su mente enfocada en la memoria de su cuerpo vibrante mientras medita. Las opciones son infinitas y todo depende de usted.

Sea amable consigo mismo cuando se distraiga, *sin importar la frecuencia con la que pierda la concentración.* Si se castiga cada vez que se distrae, entonces ha perdido la esencia de la meditación profunda, para empezar. Aunque su mente se desvíe mil veces por minuto, *no sea tan exigente consigo mismo.* Debería saber que es muy bueno que siga atrapando su mente cuando se desvía, porque significa que su conciencia está mejorando. Una mayor conciencia hará maravillas en su meditación y proyección astral. Ha pasado muchos años distraído, así que no espere que ese sea un hábito que pueda deshacer con un chasquido de Thanos.

Disfrute del proceso de estar concentrado. Habrá momentos durante su meditación en los que su conciencia será nítida como un láser. Disfrútelo. Disfrute de la tranquilidad de su mente. Esto le enseña a buscar más de ella, reforzando su nueva rutina de meditación profunda diaria. Cuanto más activamente escoja disfrutar de la meditación, menos se esforzará su mente por tener pensamientos mundanos y de relleno con los que colmar el silencio.

Salga suavemente de la meditación profunda. Escoja una alarma de sonido suave para salir de su estado de meditación. Vuelva a la conciencia cotidiana de la vigilia lenta y suavemente. No se apresure. Sabrá cuándo es el momento adecuado para abrir los ojos. Cuando pasa de un estado a otro con suavidad, hace que el estado mental meditativo se extienda a otros aspectos de su vida.

Lleve un diario. Debería tomar notas de su práctica. Anote la hora y el lugar y cómo se sintió. Si tiene alguna idea mientras medita, anótela también. Escriba cuánto tiempo ha meditado, cómo se siente después de la meditación y en qué estado se encontraba su mente durante el proceso. El último punto incluye detalles sobre la frecuencia con la que se distrajo y el tipo de pensamientos y sensaciones o emociones que le distrajeron. Anote cuánto tiempo, en promedio, fue capaz de mantener su concentración.

Tenga en cuenta que si quiere salir de su cuerpo cuando está en meditación profunda, puede hacerlo. Simplemente imagine que sus chakras se abren, y luego imagine que puede sentir que las vibraciones intensas pero agradables se apoderan de toda su forma. Entonces, cuando esté en completo control de las vibraciones, puede levantarse y salir en su forma astral.

Si quiere llevar la meditación a un nivel superior, debería intentar meditar en el reino astral. Tenga en cuenta que no estará allí mucho tiempo si solo se queda sentado. Para permanecer en meditación en el plano astral durante más tiempo, mantenga un movimiento rápido y continuo con sus manos astrales. Puede frotarlas vigorosamente, así durará más tiempo en ese estado. Meditar en el plano astral tendrá efectos muy potentes en su vida de vigilia. No se sorprenda cuando comience a experimentar más sincronicidad y otros eventos paranormales en su vida. Todo es bueno, siempre y cuando no responda con miedo.

Capítulo 13: El método de despertar y volver a la cama

El método de despertar y volver a la cama, también llamado WBTB (del inglés *Wake-Back-to-Bed*), es una forma muy eficaz de salir del cuerpo, por eso es tan popular. Inicialmente, se utilizaba para inducir la lucidez en los sueños. Sin embargo, también se puede utilizar para la proyección astral, ya sea desde un sueño o desde la realidad de la vigilia.

Esta técnica se utiliza a menudo junto con otras. Es la base con la que trabajan los soñadores lúcidos y los proyectores astrales cuando experimentan con otros métodos o ejercicios para el plano astral. La cuestión es que esté muy alerta antes de volver a la cama. Como ya ha dormido un poco, no tiene que preocuparse por estar demasiado cansado para mantener su mente concentrada en su intención de visitar el reino astral.

Antes de utilizar este método

Es más probable que tenga éxito con esto solo si ya está familiarizado con la lucidez en sus sueños y con el control de los mismos. Al igual que la proyección astral, esta es una habilidad que requiere práctica, dedicación y tiempo. Puede tener un sueño lúcido en su primer intento, pero debe establecer expectativas realistas.

Registre sus sueños en un diario. Esta es una de las primeras y mejores cosas que hay que hacer. Debe llevar un diario de sueños, que le servirá como refuerzo subconsciente de que es importante que recuerde sus sueños. El mero hecho de registrarlos, aunque solo recuerde una imagen, aumentará el recuerdo de sus sueños de forma espectacular. El recuerdo de los sueños es crucial porque le dará el control y la calma que necesita cuando se dé cuenta de que está en un sueño y cuando se proyecte astralmente. Así que, propóngase anotar sus sueños cada vez que se despierte.

Comprobación de la realidad. Una comprobación de la realidad es una prueba que hace en su vida de vigilia para asegurarse de que está bien despierto y no solo en un sueño muy vívido o algo así. Puede programar la alarma para que suene aleatoriamente para realizar estas comprobaciones, y también debería hacerlo a medida que se le ocurran. En primer lugar, comprobará su realidad para ver si las leyes habituales de la vida de vigilia siguen vigentes. Si nota que hay algo raro, lo más probable es que esté soñando. Cuanto más los haga, más entrenará su mente para preguntarse constantemente: "¿Estoy soñando?". Solo puede haber una respuesta cuando está despierto, y otra totalmente diferente en el estado de sueño.

Cada vez que note algo extraño, haga una comprobación de la realidad. Por eso las comprobaciones de la realidad no funcionan para algunas personas. No solo debería comprobar su realidad cuando suene la alarma. Compruébela cuando note algo extraño porque los sueños suelen tener un montón de cosas raras, que pueden desencadenar que se vuelva lúcido si ha estado haciendo sus comprobaciones de la manera correcta. Debe hacer sus comprobaciones:

- Cuando escuche, vea, huela, sienta o saboree algo inusual.
- Cuando no está haciendo nada, solo mirando alrededor del lugar.
- Cuando se encuentre cara a cara con uno de las señales de sus sueños.
- A intervalos aleatorios.
- Cuando se mire al espejo, si está soñando, verá algo raro.
- Puede comprobarlo cada hora en punto.
- Cuando mire su reloj o su anillo, si tiene uno (considere la posibilidad de conseguir un anillo tótem para recordarle que debe hacer sus comprobaciones cuando lo vea).
- Cada vez que vea la letra "A" en el dorso de su mano. Tiene que escribir la letra.
- Cuando beba algo.

Lista de comprobaciones de la realidad

A continuación, le presentamos una serie de comprobaciones de la realidad que puede utilizar y que le proporcionarán resultados extraordinarios. Asegúrese de preguntarse "¿Estoy soñando?" mientras realiza cada prueba.

1. Empuje un dedo a través de la palma de su mano. Lo atravesará en un sueño. No duele, así que no se preocupe.
2. Empuje su mano a través de una pared.
3. Compruebe la hora en su reloj. Mire hacia otro lado y luego vuelva a mirarlo. Si está soñando, dará una hora diferente o parecerá un galimatías. Omita esto si no usa relojes. Puede mirar el reloj de su teléfono en su lugar.
4. Lea cualquier texto a su alrededor, mire hacia otro lado, luego vuelva a mirar y lea de nuevo. Si cambia, está soñando.
5. Pregúntese: "¿Estoy soñando ahora?". Puede preguntarlo en su cabeza o en voz alta. Mientras se lo pregunta, analice la habitación en la que se encuentra. A continuación, pregúntese cómo ha llegado hasta allí. Trabaje hacia atrás recordando lo último

que hizo antes de preguntar, y lo anterior, y así sucesivamente. Los sueños no suelen tener ninguna continuidad de eventos. Así que, si está soñando, podrá darse cuenta porque es imposible que haya llegado de México a París en dos minutos.

6. Pregúntele a otra persona si está soñando. Obtendrá una respuesta interesante si lo está.

7. Mírese las manos. Si está soñando, tendrán un aspecto extraño. Si no se ven extrañas y está soñando, lo sabrá de todos modos.

8. Compruebe su pulso. Si no lo tiene, o es un vampiro o, más probablemente, está soñando.

9. Póngase los lentes o quíteselos.

10. Mírese en el espejo.

11. Lance una moneda y manténgala flotando en el aire.

12. Salte con la intención de flotar.

13. Encienda y apague un interruptor de luz. Los interruptores no suelen funcionar en los sueños. Haga también otras comprobaciones, por si sus sueños tienen un excelente cableado eléctrico. Si no es así, puede obtener un falso positivo, en el que suponga que está despierto.

14. Levante algo pesado sin esfuerzo.

15. Levante la mano y haga que se estire hasta el otro lado de la habitación.

16. Saque la lengua y tire de ella para que crezca de forma ridícula.

17. Mire algo de cristal o porcelana y haga que se rompa con su mente.

18. Piense en una celebridad e imagínela entrando por la puerta para conocerla.

19. Pellízquese. Si está soñando, no sentirá ningún dolor.

20. Imagine que el suelo es de lava y espere a ver si cambia.

21. Piense en un ser querido o en un familiar que sabe que está a eones de distancia de usted e imagínelo saliendo de una habitación de su casa.

22. Junte las manos e intente que se fundan en un puño gigante.

No se precipite al hacer estas comprobaciones o correrá el riesgo de convencerse de que está despierto cuando está soñando. Las mejores comprobaciones son las irrefutables. Por ejemplo, nunca podrá pasar el dedo por la palma de la mano, así que, si lo hace, estará en "La La Land". Además, medite todos los días entre diez y quince minutos, y procure hacer sus comprobaciones de realidad nada más levantarse por la mañana.

Cómo utilizar el método WBTB

Este es el método WBTB adaptado a la proyección astral.

Vaya a la cama. Antes de hacerlo, programe la alarma para que le despierte después de haber dormido cuatro, tal vez cinco horas. Cuando suene, apáguela y vuelva a la cama. ¿Qué sentido tiene esto? Quiere romper el ciclo de sueño justo antes de entrar en la fase REM del sueño. REM es la abreviatura de "Rapid Eye Movement" (movimiento ocular rápido), que se produce cada vez que sueña. Por lo general, esta fase del sueño se inicia después de unas cinco horas. Sin embargo, deberá experimentar con varios tiempos para encontrar el que mejor le funcione. Para la mayoría de la gente, entre tres y cinco horas de sueño es suficiente, pero encuentre su punto óptimo.

Permanezca despierto durante un rato. Cuando su alarma le despierte, salga de la cama y manténgase ocupado entre quince y noventa minutos. Puede que necesite experimentar para saber cuánto tiempo le conviene. La mayoría de la gente considera que veinte minutos son más que suficientes. Haga lo necesario para mantener su mente activa y alerta, pero no se ponga tan alerta que le resulte difícil volver a dormir. Como alternativa, para no aburrirse mientras espera, puede leer algo sobre la proyección astral hasta que llegue el momento de volver a dormir.

Vuelva a la cama. Esta vez tenga una intención sólida en su mente de que reconocerá que está soñando cuando ocurra. Relájese y vuelva a la cama. Aquí es cuando algunos soñadores deciden añadir un segundo método para aumentar sus posibilidades de éxito, como el método IMP (más adelante se habla de él).

En su sueño, vaya a su dormitorio. Cuando se dé cuenta de que está soñando, vaya a su habitación (o donde sepa que se ha quedado dormido). No importa dónde se encuentre; solo piense en su habitación, y volverá a estar allí. Observe bien su cuerpo y también la habitación. Examínelo en busca de detalles que pueda comprobar cuando se despierte. Algunos dicen que una vez que puede ver su cuerpo, y la habitación se siente firme y real (tan "real" como puede ser en el astral), entonces está fuera del cuerpo. Otros dicen que hay que experimentar el proceso real de separación. Yo soy de esta última opinión, por lo que he incluido estos pasos adicionales. Más vale prevenir que lamentar.

Alternativamente, planifique su salida. Una vez que ha alcanzado la lucidez, llene su mente con la intención de abandonar su cuerpo y planifique cómo va a hacerlo. ¿Saldrá rodando o utilizará el método de la cuerda? ¿Se va a permitir flotar fuera de su cuerpo como una nube? ¿Está previsto que su guía le ayude a salir? Además, ¿qué hará cuando esté fuera del cuerpo? Planifique eso en su sueño lúcido. Tener un plan le asegurará no perder tiempo cuando sea el momento de salir. No se sentirá confundido ni distraído por nada de lo que ocurra en el sueño.

Comience a despertarse. De nuevo, bastará con una simple intención de hacerlo. Notará que el proceso de despertar es mucho más lento. Esto le dará todo el tiempo que necesita para permanecer en ese filo de la navaja entre la conciencia despierta y la conciencia dormida, de modo que le resulte súper fácil salir de su cuerpo utilizando el método que prefiera.

Salga de su cuerpo. Cuando se sienta en la cama, simplemente salga rodando con su cuerpo astral. También puede salir flotando si lo prefiere.

Lo fantástico de la técnica de despertar y volver a la cama es que no tiene que pasar por el proceso de relajar todo el cuerpo, que es lo que le cuesta a mucha gente. Por lo tanto, si descubre que se queda dormido constantemente cuando intenta relajarse, pruebe la técnica WBTB.

¿Sueño lúcido o reino astral?

¿Cómo se puede distinguir entre los dos? Cualquiera que haya tenido ambas experiencias le dirá que son dos cosas diferentes. Claro, tienen el mismo elemento de no tener lugar en el reino físico y permitirte crear algo con pura intención, pero eso es todo. Es una sensación. Una parece más onírica, mientras que la otra parece más "real", a falta de una palabra mejor. Es como comparar el mundo que ves en un juego de realidad virtual con el mundo físico.

Sus sueños se componen principalmente de material de referencia de su vida de vigilia; su mente subconsciente los genera. Trabaja con todo lo que ha presenciado, sea consciente de ello o no, para crear ese mundo. Sin embargo, sus sueños no son menos poderosos solo porque estén hechos de material subconsciente. Puede obtener una visión asombrosa que mejore su psique y le ayude a mejorar en la vida de vigilia. Sus sueños reflejan todos los problemas por los que pasa en el día y le dan la solución si pregunta y mantiene los ojos abiertos para obtener una respuesta.

Las proyecciones astrales son otra cosa. Cuando se proyecta astralmente, se abandona el cuerpo. Entra en otra dimensión de la realidad por completo, utilizando su cuerpo astral. Aquí hay más diferencias entre ambos estados:

Escucha voces mientras se proyecta. Esto sucede porque se encuentra entre mundos. Aunque no esté tratando de proyectarse, al quedarse dormido, se separa un poco de su cuerpo, aunque sea solo unos centímetros. Se vuelve inconsciente de su cuerpo físico, más centrado en su mente, hasta que su atención se desplaza hacia el exterior cuando escucha las voces. Pueden ser cantos o conversaciones. Sin embargo, no siempre escuchará voces. A veces son otros sonidos, truenos, o el suave tintineo de delicadas campanas, o cualquier otra cosa, en realidad.

Los sueños lúcidos solo se producen en el estado de sueño. No hay nada real en la experiencia. Su conciencia sigue estando con su cuerpo físico. Sin embargo, para dejar su cuerpo, no puede estar dormido. En cambio, su mente permanece despierta, lo que significa que conserva la conciencia, y por lo tanto la experiencia es muy real.

No puede controlar a otros seres en el plano astral. Simplemente no funciona. En un sueño lúcido, puede hacer que otros hagan su voluntad. Al fin y al cabo, son un reflejo de su subconsciente, así que usted está a cargo de ellos. Sin embargo, los seres astrales tienen autonomía. Al igual que no puede imponer su voluntad a los demás en el mundo físico, tampoco puede hacerlo en el astral. Sin embargo, sí puede ejercer cierto control sobre sus interacciones y conversaciones hasta cierto punto.

No puede cambiar el entorno en el reino astral. Dondequiera que se encuentre, no puede cambiar el entorno. Es lo que es. En un sueño lúcido, podrá hacer que la noche sea de día y viceversa. En el astral, no puede porque ese reino existe independientemente de usted. Tendría más suerte intentando convertir la Gran Pirámide en la Estatua de la Libertad en la vida real que intentando cambiar su entorno en el plano astral.

Tiene que entender las diferencias fundamentales entre la proyección astral y el sueño lúcido. Si confunde uno con el otro, es probable que se pierda los muchos beneficios que ambos pueden proporcionarle. Pero, de nuevo, el hecho de que el sueño lúcido no sea real no significa que sea inútil o que no tenga beneficios. Puede utilizar el poder de su mente subconsciente a través de sus sueños lúcidos para curarse a sí mismo y a los demás, tener ideas únicas para los negocios o para su próximo guion o pintura, encontrar soluciones creativas a los problemas en el trabajo o en casa, y mucho más.

La sensación de proyectarse astralmente es inconfundible, desde estar en el vacío hasta las vibraciones y la sensación de que el ser astral se separa del ser físico. Si todo lo que ha hecho hasta ahora son sueños lúcidos, sabrá que esto es un juego completamente diferente cuando tenga su primera proyección. No tendrá ninguna duda de que no está soñando porque su conciencia está totalmente presente y en control de sí misma, pero no de su entorno. Además, las cosas tienden a ser mucho más estables en el reino astral que en sus sueños. Esa es otra señal segura a tener en cuenta.

Capítulo 14: Otras técnicas de proyección astral

Antes de utilizar cualquier técnica, debe asegurarse de estar en un estado de trance profundo. Utilice las técnicas de relajación ya mencionadas en este libro para lograr el estado de trance antes de intentar salir. Puede alcanzar el trance a través de cualquiera de los ejercicios ya mencionados en este libro. También puede resistir el impulso que tiene de moverse cuando se despierta por la mañana y mantener los ojos cerrados. Si lo hace bien, puede descubrir que se encuentra en una parálisis de sueño ligero, entre el mundo de la vigilia y el de los sueños.

Puede utilizar el método de relajación que va a leer en el primer método a continuación para su comodidad. Los métodos subsiguientes se escribirán suponiendo que ha relajado adecuadamente su cuerpo y ha llevado su mente a un estado de trance.

El método de la cuerda de siete pasos de Robert Bruce

El método de la cuerda es una forma sencilla y eficaz de salir del cuerpo. Hace que el tiempo necesario para salir de su cuerpo sea muy corto. Pero, antes de hacerlo, aquí tiene un pequeño ejercicio:

- Cierre los ojos y haga unas cuantas respiraciones relajantes.
- En las manos de su mente, sostenga una manzana. Sienta su forma.
- Ahora, sostenga una pelota de golf. Sienta su dureza. Sienta las protuberancias que hay en ella con las manos.
- Sostenga ahora una patata caliente. Deje que el calor se filtre por cada palma de la mano.
- Sostenga un cubito de hielo. Frótelo por todas las manos.
- Ahora, sostenga un balón de fútbol. Sienta cómo es en sus manos.
- Sienta la textura de la piel.
- Utilice las manos de su mente para rasgar un trozo de papel en pedazos. Sienta las sensaciones con cada rasgadura.

No se salte este ejercicio porque le enseña a trabajar con sus manos astrales, que es una habilidad que necesitará cuando deje su cuerpo.

Relájese. Siéntese (o acuéstese) en una posición cómoda y cierre los ojos. Inhale y exhale, profunda y lentamente. Imagine que con cada exhalación toda la tensión de su cuerpo se desvanece. Siga así hasta que se sienta completamente relajado. Puede utilizar un mantra como ayuda. Basta con decir: "Estoy muy, muy relajado" en cada exhalación. Si ha intentado proyectarse antes y no ha conseguido hacerlo con plena conciencia cada vez, deberá pasar al menos treinta minutos relajándose aún más.

Entre en estado de trance. Este es el estadio entre el sueño y la vigilia, con su mente muy activa y consciente. Si su mente permanece activa, no tiene que preocuparse demasiado por quedarse totalmente dormido. En su lugar, puede utilizar el proceso de conteo o un mantra.

Sumérjase en la relajación. Manteniendo los ojos cerrados, mire a la oscuridad. Observará que aparecen patrones en su línea de visión. No les preste atención y desaparecerán. Con el tiempo, notará que ya no puede sentir su cuerpo. No se asuste. La parálisis del sueño es algo bueno.

Pasemos a las vibraciones. Esto puede ser bastante difícil de lograr para los viajeros astrales principiantes, pero es factible. Todo lo que necesita hacer es imaginar o sentir sus centros de energía o chakras vibrando con energía, llenándose de luz para hacer que las vibraciones lleguen. Intente no exagerar. Puede que empiecen en una sola parte del cuerpo. Si esto sucede, poner su atención en ellas debería hacerlas más intensas, y entonces puede moverlas alrededor de su cuerpo. Al hacer esto, las vibraciones comenzarán.

Controle sus vibraciones. Con su intención, juegue con las vibraciones aumentando su frecuencia. Por ejemplo, puede ralentizarlas hasta que se detengan y luego volver a ponerlas en marcha, o puede acelerarlas hasta que alcancen una frecuencia muy fina y elevada. Cuando sienta que controla completamente las vibraciones, puede pasar al siguiente paso.

Utilice la cuerda. Imagine que hay una cuerda que cuelga justo encima de usted, al alcance de la mano. Con los ojos todavía cerrados y el cuerpo quieto, imagine que alcanza esta cuerda y la agarra. A continuación, saque su yo astral del cuerpo físico. Las primeras veces que lo intente, solo deberá sacar una parte de su cuerpo y permitir que su cuerpo astral regrese brevemente al físico. Hágalo suficientes veces hasta que sienta que tiene el control total de su cuerpo astral.

Sepárese. Cuando ha demostrado que tiene el control a través del paso de separación parcial, es el momento de salir. Simplemente saque todo su cuerpo astral, poniendo una mano sobre la otra en la cuerda hasta que haya salido de su cuerpo. Ayuda si canta en su mente o establece la intención: "Ligero como una pluma". De esta manera, no asume la idea de que debería ser más difícil sacarse porque asume erróneamente que el cuerpo astral es pesado como el físico.

Sabrá que está funcionando cuando tenga una sensación de vértigo en el pecho y el estómago. Esto es causado por la presión de este método sobre su cuerpo astral. Continúe subiendo y pronto estará fuera. Es esencial permanecer físicamente relajado y mentalmente tranquilo. Puede practicar el uso de la cuerda ahora mismo, antes de estar listo para proyectarse, para saber qué esperar. Utilice su imaginación y su recuerdo de las cuerdas para ayudarle a generar la sensación natural de la escalada.

El método IMP

IMP es la abreviatura de *"Impossible Movement Practice"* ("Práctica de Movimientos Imposibles"). Se trata de intentar hacer movimientos que son físicamente imposibles en la realidad de la vigilia. Los mejores tipos de movimientos son los sutiles. Sin embargo, puede ser más ambicioso. Por ejemplo, doblar la pierna completamente hacia atrás desde la mitad del muslo o doblar el brazo por el antebrazo (en la vida real, la única flexión se produciría en el codo). Escoja movimientos que no le funcionarían en la vida real debido a una parte del cuerpo diferente que lo hace imposible.

Escoja el movimiento que prefiera y luego, en su mente, repítalo una y otra vez desde el punto de vista de la primera persona. Sienta cómo la parte del cuerpo elegida se dobla y se mueve de la forma más ridícula. Con el tiempo, esta sensación pasará de ser imaginada a ser tangible a nivel astral. Comenzará a sentir vibraciones. Entonces puede permitir que el movimiento pase a su cuerpo astral separándose del físico.

El método de la caída libre

Imagínese cayendo rápidamente. Imagine todas las sensaciones que conlleva la caída. Sienta lo rápido que está cayendo y siéntase cayendo una y otra vez. Si lo hace bien, sentirá las vibraciones y tendrá una extraña sensación de no saber exactamente dónde está en términos de espacio. Cuando note voces, zumbidos, vibraciones y que su corazón late más rápido, siga con su visualización. Cuando note que está a punto de proyectarse, imagine que choca con el suelo de repente. Este choque repentino con el suelo desencadenará una separación de su cuerpo.

El método del yo-yo

Justo antes de meterse en la cama para dormir, escoja un lugar de su habitación que le resulte familiar, ya sea el armario, la puerta, la estantería o la lámpara. Cuando haya elegido un lugar, examínelo a fondo. Observe todos los detalles que pueda sobre su aspecto. Toque todas las zonas de ese lugar, memorice todas las sensaciones táctiles que obtenga y luego vaya a la cama. En cuanto estés despierto, mueva su conciencia directamente a la zona que ha estudiado antes. Visualícela tan vívidamente como pueda durante un segundo, y luego devuelva su conciencia a la oscuridad detrás de sus ojos durante un segundo. Al segundo siguiente, mueva su atención hacia el lugar que ha visualizado y luego vuelva a la oscuridad. El efecto yo-yo de pasar de un punto a otro en el enfoque desencadenará vibraciones y la separación completa del cuerpo físico.

El método de la escucha

Concéntrese en los sonidos dentro de su cabeza cuando esté en estado de trance. Notará zumbidos, murmullos o voces. Independientemente de lo que escuche, siga escuchando, incluso cuando la intensidad y el volumen de los sonidos aumenten. Cuando los sonidos aumenten mucho, haga un movimiento rápido para separarse de su cuerpo. Puede que descubra que los sonidos ya le han sacado al plano astral por sí solos.

El método del agotamiento

Es muy fácil quedarse dormido cuando se está agotado. El truco, entonces, es encontrar una manera de mantener su mente despierta mientras su cuerpo se apaga. Teniendo en cuenta lo cansado que está su cuerpo, estará naturalmente muy relajado, lo que le permitirá entrar en la parálisis del sueño rápidamente.

No se vaya a la cama para utilizar este método hasta que le resulte increíblemente difícil mantener los ojos abiertos. A continuación, desea acostarse en un lugar incómodo o en una posición incómoda. Si está demasiado cómodo, puede dejar que su mente se duerma también. Por lo tanto, si duerme boca abajo o de lado, acuéstese de espaldas. Si le gusta dormir de espaldas, pruebe con el lado izquierdo.

Permanezca atento a todas las sensaciones que se producen al quedarse dormido. Mantenga su conciencia y no deje que se desvanezca. Siéntase libre de hacer un esfuerzo mental en este caso, ya que su cuerpo seguirá durmiéndose por mucho que ocurra en su cabeza.

Después de la etapa de vibración con las sensaciones hipnagógicas, levántese sin utilizar sus músculos físicos. Entrará en el reino astral.

El método del sueño forzado

Utilice este método por la mañana, justo después de despertarse. Deje que sus ojos permanezcan cerrados y no se mueva. Tampoco se concentre en nada. Permítase dormir durante diez segundos. Una vez transcurridos los diez segundos, separe agresivamente su cuerpo astral del físico. De esta manera, su cerebro es engañado para que asuma que realmente está volviendo a la cama y creará una parálisis del sueño, que le permitirá proyectarse astralmente con facilidad.

El método de la rotación

Imagine y sienta que su cuerpo gira alrededor de un eje. Haga esto sin ninguna tensión en su cuerpo. Cuando el movimiento de rotación pasa de ser solo imaginario a sentirse real, o note que su cuerpo vibra, debe intensificar las sensaciones que obtiene. Es posible que escuche un fuerte zumbido o que note que los latidos de su corazón son demasiado rápidos. Ignore eso. Simplemente continúe con la rotación, y pronto le resultará fácil salir de su cuerpo.

El método de la tensión corporal

Este método consiste en tensar todo el cuerpo sin utilizar los músculos. Puede sonar raro, pero debería probarlo. Todo lo que tiene que hacer es generar una sensación de tensión dentro de su cuerpo. Esta tensión no es física, para que lo sepa. Sentirá una leve corriente eléctrica que lo atraviesa, que puede intensificarse hasta convertirse en las vibraciones que obtiene antes de la proyección. Puede hacer esto una vez que entre en la parálisis del sueño o justo cuando se despierte. Estire su cuerpo astral y observe lo que ocurre a continuación. Debería tener la sensación de flotar, así como las vibraciones y los sonidos extraños. Continúe con la tensión hasta que salga.

El método de la tensión cerebral

Genere la misma sensación de tensión del método anterior dentro de su cerebro. Imagine la sensación de que le aprietan el cerebro en la cabeza. Sentirá una tensión no física, que provocará vibraciones y una sensación de vértigo. Continúe tensando su cerebro hasta que logre la separación completa.

El método de la carrera

Cuando haya alcanzado el estado de trance, o justo después de despertarse del sueño, sienta vívidamente que corre muy rápido mientras mantiene sus músculos físicos relajados. No es necesario que se visualice corriendo. La simple sensación de correr es suficiente. Siga yendo cada vez más rápido y obtendrá las vibraciones. Cuando las vibraciones sean muy intensas, imagine una pared sólida justo delante, y corra hacia ella aún más rápido. Cuando choque con la pared, desencadenará una separación de su cuerpo físico.

El método del túnel

Imagine un túnel, largo y oscuro. Está de pie en él. Imagine que al final del túnel hay una luz brillante. Vuele a través del túnel, sintiendo la sensación de vuelo tan plenamente como pueda. Si le ayuda, puede generar la misma sensación que en un avión justo antes de despegar. Atraviese este túnel a una velocidad cada vez mayor, y pronto sentirá las vibraciones y oirá también los ruidos. No haga caso de ambos y mantenga su atención en la luz al final del túnel. Una vez que haya llegado a la luz blanca, su cuerpo astral se separará del físico y podrá comenzar su viaje.

El método del tercer ojo

Para este método necesitará su tercer ojo. Puede encontrarlo en el entrecejo, justo por encima de las cejas. Ese es el asiento de su conciencia. Para este método de proyección, debe mantener su enfoque en este punto. Gire sus ojos físicos hacia el tercer ojo y mantenga toda su atención allí. Con el tiempo, notará las vibraciones y una sensación de flotación. Mantenga su conciencia allí hasta que se sienta completamente separado de lo físico.

El método de la natación

Si nada bien, lo único que necesita para que esto funcione es la memoria muscular. Cuando se encuentre en trance, imagine la sensación de nadar tan vívidamente como pueda. Recuerde lo que siente al estar en el agua y muévase así en su mente mientras mantiene sus músculos físicos relajados e inmóviles. Obtendrá el mismo efecto que la técnica de la cuerda, con el aumento gradual de las vibraciones que conducen a una separación completa.

El método del movimiento ocular

Es excelente para provocar las vibraciones o intensificarlas. Cuando se encuentre en el estado perfecto, todo lo que tiene que hacer es mover los ojos detrás de los párpados de izquierda a derecha, de un lado a otro. El resultado es que su punto focal se desequilibrará, y esto profundizará las vibraciones, dando lugar a una proyección.

El método del contoneo

Para esto, simplemente mueva sus manos o pies mientras los mantiene relajados y quietos. Está trabajando con el cuerpo astral. Cuando las sensaciones pasan de ser imaginación a sensaciones astrales reales, significa que está en camino de abandonar su cuerpo. Continúe contoneándose, trasladando esa sensación desde solo las manos o los pies a otras partes de su cuerpo. Imagine que la sensación de contoneo está aflojando su cuerpo astral, separándolo del físico. Siga así hasta que salga.

El método del recuerdo

Este método funciona mejor para aquellos que ya se han proyectado antes. Imagine su proyección astral anterior tan vívidamente como pueda cuando esté en la etapa de parálisis del sueño. Recuerde las imágenes y los sonidos, y todas las sensaciones que le acompañaron. Hágalo tan vívido como pueda. Recuerde cómo fue salir de su cuerpo. Incluya todos los detalles en su recuerdo, como las vibraciones, los sonidos, la sensación de pesadez, etc. Al hacer esto, inevitablemente se proyectará.

El método de la habitación

Imagine que está caminando o de pie en la misma habitación en la que está durmiendo desde el estado de trance. Si lo prefiere, puede elegir una habitación diferente. Cuando quiero asegurarme de encontrarme fuera del cuerpo fuera de la casa, me gusta elegir un lugar con mucho espacio abierto, como en una colina. Es conveniente asegurarse de que se imagina que está en el lugar en el que se encuentra desde una perspectiva en primera persona. En otras palabras, debería estar mirando *a través* de sus propios ojos alrededor de la habitación y no mirándose a sí mismo como si fuera un actor en una pantalla de cine o algo así.

Sienta que sus pies están firmemente conectados con el suelo. Si tiene una alfombra en la habitación, deje que los dedos de los pies se hundan realmente en el material y lo sientan. Continúe visualizando esto hasta que lo sienta más real que si estuviera en la cama. Lo que esto hace es alejar su conciencia de su cuerpo. Este es un método muy efectivo y no me cansaré de recomendarlo.

El método de la voltereta

Cuando se despierte, intente hacer una voltereta hacia atrás sin mover su cuerpo físico. Desafortunadamente, esto hará que su punto de conciencia cambie tan dramáticamente que inmediatamente estará fuera de su cuerpo. Si tiene problemas con esto, debe dedicar más tiempo a profundizar en la relajación o probar un método diferente.

El método de levitación

En la parálisis del sueño, o justo al despertar de un sueño, levite inmediatamente fuera de su cuerpo. Tiene que hacerlo con una actitud de confianza, como si siempre hubiera hecho esto toda su vida. No lo piense, simplemente hágalo. En este punto, debe saber que su cuerpo físico no debe moverse. Este método le ayudará a pasar al plano astral inmediatamente, o al menos le acercará a su salida.

El método de la salida

Desde el trance o tan pronto como se despierte, salga inmediatamente de su cuerpo de la misma manera que lo haría en la vida de vigilia si estuviera saliendo de la cama. Permanezca relajado físicamente mientras rueda agresivamente su cuerpo astral hacia afuera.

El método del tren

Imagine que está en un tren de alta velocidad y que recorre su pasillo hasta el otro extremo. Escuche el ruido que hace el tren. Esto desencadenará la hipnagogia auditiva que acompaña a las proyecciones astrales. Mientras corre por el tren, siga concentrándose en el ruido y deje que aumente su intensidad. Al final del tren, salte. Cuando toque el suelo, abandonará su cuerpo.

El método de la hamaca

Imagine que se balancea en una hamaca. Haga que la sensación de balanceo sea lo más natural posible. Deje que la hamaca le balancee cada vez más alto y permita que sus sentidos astrales coincidan con esas sensaciones. Eventualmente, recibirá vibraciones y escuchará sonidos. Para abandonar su cuerpo, simplemente caiga de la hamaca cuando llegue al punto más alto del aire.

Combinación de métodos

Para obtener los mejores resultados, puede combinar métodos. Aquí tiene una lista de combinaciones para que las pruebe:

- El método WBTB funciona muy bien con la técnica IMP.
- El método de la cuerda va muy bien con el método del tercer ojo.
- Utilice el método de la tensión corporal o la tensión cerebral junto con la técnica del sueño forzado.
- Utilice el contoneo para llevar a los métodos de la cuerda, la levitación o la voltereta.
- La técnica del agotamiento funciona con casi cualquier otra.
- El método de escucha puede y debe incorporarse con otros para obtener un impulso extra y una proyección astral exitosa.

Capítulo 15: Está allí. ¿y ahora qué?

Enhorabuena por haber llegado al reino astral. Puede que no haya sido fácil, pero con el tiempo se vuelve más fácil y mejor. Una vez superada la curva de aprendizaje, puede comenzar a explorar todas las cosas hermosas que le esperan en este plano. Llegará a experimentar la autocuración, la transmutación, la comunión con los espíritus y otros seres, la obtención de información sobre el pasado, el presente y el futuro, así como las dimensiones alternativas de la realidad.

Antes de hacer todo esto, necesita aprender tres cosas básicas:

- Cómo solidificar su experiencia.
- Cómo prolongar la duración de su estancia en el plano astral.
- Cómo navegar por el espacio.

Con una comprensión completa de los aspectos básicos, se mantendrá plenamente consciente del reino astral. Sus facultades sensoriales serán extremadamente agudas, y su entorno será tan estable durante todo el tiempo que necesite.

Solidificar su experiencia

Puede ganar mucho si consolida sus sentidos y su autoconciencia en el reino astral. Lo ideal es que siempre solidifique su experiencia. Hágalo tan pronto como se haya separado de su cuerpo o justo después de alcanzar la lucidez en su sueño. Solidificar su lucidez es una forma de asegurarse de no perder la conciencia del hecho de que se está proyectando astralmente. A veces, entra en el plano astral con plena conciencia, lo que conduce a un entorno estable y constante. Otras veces, sin embargo, no es así. Esto afectará al tiempo que puede permanecer en ese reino y a lo intenso que sea para usted todo el viaje.

Según Raduga, la mejor manera de crear esta solidificación es mediante la amplificación sensorial. Esto implica hacer que el reino astral sea lo más físico posible, permitiendo que la cualidad de "real" se manifieste plenamente dondequiera que se encuentre. La manera de hacer que esto ocurra es sintonizar sus sentidos con todos los estímulos del entorno astral.

Cuando abandona su cuerpo, su percepción sensorial puede ser muy apagada. Es posible encontrar que su visión es muy borrosa o que está completamente ausente. Su sentido del tacto está ahí, pero apenas. Este es un problema que también afecta a los soñadores lúcidos en el momento en que se dan cuenta de que están soñando. Cuando sus sentidos están embotados, no hay nada que ver o hacer, o malinterpreta las sensaciones que tiene, y eso le obliga a volver a su cuerpo. Intentar aferrarse a algo es como intentar "mantener una ola sobre la arena". Todo se desintegra. Para evitarlo, usted solidifica su experiencia amplificando sus sentidos, de modo que tenga claridad en la vista y el tacto.

Los otros sentidos en la solidificación

No vamos a detenernos en otros sentidos además del tacto y la vista porque esos dos son los más importantes para la amplificación sensorial. De ambos sentidos, el tacto es el más universal y primitivo. Como tal, el primer sentido que se trabaja dentro de la amplificación sensorial es el táctil-cinestésico. Luego, cuando esté arraigado en el entorno a través del tacto, verá que los demás sentidos se fijan por sí mismos (normalmente). Así es como puede establecer que está en un espacio real y no solo un punto de conciencia flotante en el mundo físico.

Palpación y observación

Para solidificar su entorno a través del tacto:

Tan pronto como salga de su cuerpo, debe agarrar, frotar o rozar las características de la superficie de su entorno. Esto se llama *palpación*. Puede que su visión sea inútil en este momento, pero podrá sentir las superficies, los objetos y otras características de su entorno. Estas características pueden resultarte familiares o no, pero cuanto más las toques, más duras y físicas parecerán. Asegúrese de no dejar las manos sobre ninguna superficie u objeto durante más de un segundo, o tendrá la sensación de que todo se disipa.

Frótese las manos. Hacer esto es una gran manera de hacer que su cuerpo astral sea aún más físico, de la misma manera que la palpación hace que el entorno se vuelva más estable. Tanto la palpación como el frotamiento de las manos son muy eficaces. Hay que hacerlas muy deliberadamente, intensamente, casi con frenesí.

Cuando se trata de la visión, es posible que esta se inunde nada más empezar a tocar las cosas. Sin embargo, la palpación y el frotamiento de las manos por sí solos pueden no funcionar o solo restablecer la visión borrosa. Esto se debe a que la vista puede ser muy lenta y obstinada.

Para solidificar su entorno a través de la vista:

Sostenga varios objetos a una distancia de entre 10 y 15 centímetros de su cara y mire rápidamente a cada uno de ellos. Esto hará que todo se vuelva más brillante y le dará más enfoque visual. Esta técnica de solidificación se denomina *observación*.

También puede mirar sus manos y adentrarse en los detalles que observa. Estudiar las manos intensamente provocará una visión completa en unos tres o diez segundos. Asegúrese de ir cambiando el enfoque a su alrededor mientras analiza sus manos o los objetos que le rodean. Si se queda mirando demasiado tiempo a un punto, se producirá una disipación.

Utilice tanto la observación como la palpación para ayudarle a solidificar su experiencia, especialmente si utiliza los mismos objetos o características de su entorno. Alternando esto con el frotamiento de las manos, encontrará un gran éxito.

Métodos críticos de solidificación

Ahora bien, es muy posible que incluso después de todos sus intentos de enfocar completamente su entorno, siga sin poder percibir gran cosa. Si este es el caso, debe probar lo siguiente:

1. Forzar su cuerpo y/o su cerebro, como se describe en el capítulo anterior.

2. Girar rápidamente y con fuerza. Quiere girar alrededor del eje de la cabeza a los pies como si estuviera haciendo volteretas.

3. Agítese de manera muy agresiva, exagerando sus movimientos, con la intención de tener una percepción clara y completa de su entorno.

4. Tirarse al suelo de cabeza.

Esta última técnica puede parecer un poco exagerada, pero funciona bastante bien. Solo hay que tirarse al suelo, de cabeza, volando hacia abajo. Después de entre cinco y quince segundos, se encontrará en un entorno nuevo o en un callejón sin salida. No se preocupe si nota que al hacer esta inmersión pierde aún más facultades sensoriales. Lo que realmente está haciendo es volver al estado intermedio entre el sueño y la vigilia para llegar a un nivel de trance más profundo antes de volver al plano astral. Así que no crea que es raro si se encuentra en un espacio negro, en blanco o sin rasgos mientras bucea. Tenemos que agradecer a Michael Raduga este descubrimiento.

Sea cual sea el proceso de solidificación que utilice, hágalo de forma deliberada, agresiva y continua para tener una proyección astral exitosa. Tenga en cuenta que está transfiriendo todos sus sentidos de su cuerpo físico al astral. Por lo tanto, es lógico que su cuerpo astral tenga sus sentidos adormecidos y apagados al principio. Por lo tanto, cuanta más fuerza y agresividad emplee en sus movimientos, observaciones y palpaciones, más encarnará su yo astral y estabilizará su entorno.

Prolongación de la estancia en el reino astral

Cuanto más tiempo permanezca en el astral, más posibilidades tendrá de que todo se disipe. Para que dure, querrá estar consciente el tiempo suficiente para, al menos, llevar a cabo uno de sus planes. Afortunadamente, una vez que le ha cogido el tranquillo a la solidificación, le resultará más fácil prolongar su estancia en el astral. He aquí cómo hacerlo:

1. Practique periódicamente la observación y la palpación mientras realiza sus actividades en el reino astral. No lo practique todo el tiempo que esté allí. Hágalo solo de vez en cuando, aunque no parezca que su experiencia vaya a disiparse. Si nota una disipación repentina, puede probar las otras técnicas además de la observación y la palpación.

2. Mantenga las vibraciones. La sensación pulsante y vibratoria que tiene debe mantenerse viva. Puede amplificar las vibraciones forzando su cuerpo o su cerebro. Sin embargo, suponga que en algún momento nota que la sensación vibratoria se desvanece. En ese caso, eso significa que las cosas están a punto de disiparse, y debe realizar uno de los procesos críticos de solidificación.

3. Examine cada cierto tiempo el grado de conciencia que tiene. En otras palabras, quiere seguir comprobando consigo mismo para asegurarse de que es consciente de que está en una proyección astral y de que recuerda exactamente por qué está allí. De este modo, impedirá que su mente regrese a la conciencia del sueño.

4. No sea espontáneo. En serio, si no ha planeado algo, no lo haga. Cuando hace algo que no está en línea con sus intenciones para ese viaje astral, puede hacer que su lucidez y agudeza mental bajen mucho. Entonces se perderá en la experiencia, olvidando que no está soñando. Cuando algo inesperado se abra paso en su entorno, haga lo posible para que forme parte de su plan de acción. Suponga que su objetivo era visitar un templo antiguo para aprender los secretos de la riqueza, pero un ser extraño y de aspecto aterrador le aborda de repente. Puede decirle que tiene prisa, y bien puede acompañarlo o jugar con usted más tarde. Aunque la criatura parezca malévola, no se muestre hostil con ella, o recibirá el mismo trato. Escoja ser educadamente firme cuando se encuentre con otros seres.

Sea lo que sea que haga, *nunca se quede quieto*. Quiere asegurarse de que está en constante movimiento. Supongamos que parte de su plan de acción requiere que se quede quieto. En ese caso, debe compensar esta circunstancia insistiendo en la palpación, el roce de las manos y la observación, así como aumentando la vibración. Además, no mire a lo lejos durante demasiado tiempo, ya que esto puede provocar una disipación. Por último, si descubre que ha perdido su lugar en el reino astral, no se preocupe. Siempre puede volver a entrar en el astral de inmediato, no importa cuántas veces lo pierda.

Física astral: Navegando por el espacio

Rápidamente se enamorará de la física del plano astral porque no tiene que lidiar con ninguna de las restricciones habituales de la Tierra, como la gravedad. Incluso cuando se encuentra con leyes que parecen mantenerlo en jaque, puede doblar algunas de ellas con algo de esfuerzo. Aun así, es beneficioso tener un poco de físico mientras viaja. Por ejemplo, sería mejor viajar con una forma tangible, como su cuerpo físico. Si viaja sin una forma durante mucho tiempo, experimentará la disipación. Ahora, hablemos de las acciones que puede realizar en el astral.

- **Puede moverse a través de objetos sólidos.** Sea lo que sea, puede volar, caminar, nadar, teletransportarse o moverse a través de él como quiera. Incluso puede moverse a través de otras criaturas también. Para hacerlo con éxito, debe tener confianza, como si hubiera hecho esto un millón de veces antes, y lo hará. Si tiene dudas, no podrá pasar o se quedará atascado. Si se atasca, solo tiene que apretar para salir, o calmarse y asumir esa actitud de haber hecho esto ya demasiadas veces. No hay que pensar demasiado en sentarse en una silla. Tampoco debe pensar demasiado en moverse a través de objetos sólidos.
- **Puede volar.** No hay nada tan emocionante como volar, desafiando la gravedad. Esta es una de las primeras cosas que los proyectores astrales aprenden y llegan a disfrutar. Sin embargo, necesitará dominar esto. Al principio, puede resultarle difícil despegar del suelo y, cuando lo haga, puede sentirse más como si estuviera nadando en un líquido viscoso que volando. O puede que su problema no sea el despegue, sino el control. Puede solucionar esto confiando en su capacidad de vuelo. Utilizando su fuerza de voluntad, proyéctese hacia el cielo con un movimiento rápido y potente. Forzar el cuerpo o el cerebro es una buena manera de controlar su vuelo si descubre que se está moviendo demasiado rápido.
- **Puede flotar o quedarse en el aire.** En este caso no está volando, solo se mantiene alejado del suelo. Para ello, solo tiene que tener la intención e imaginar que está flotando fuera del suelo, e inmediatamente lo hará.
- **Puede cambiar su cuerpo.** Diviértase ajustando sus rasgos físicos. Puede hacerse más alto o más bajo, adoptar un género diferente, convertirse en un animal, cambiar el color del pelo o de la piel, etc. Comience con los cambios más pequeños, y luego vaya subiendo a partir de ahí. Si tiene algún problema, lo más probable es que esté basado en una imaginación limitada y en la falta de confianza. Así que, sea audaz con esto y busque imágenes en las que le gustaría convertirse antes de proyectarse.

- **Puede modificar algunos elementos de su entorno.** Por ejemplo, puede hacer que una bombilla se encienda, se apague o cambie de color. Recuerde que está en el plano astral y que algunas dimensiones de este plano no se prestarán fácilmente a los cambios que intente crear. Con la práctica, Sabrá lo que puede y no puede cambiar.
- **Puede desechar el cuerpo.** No, no en el sentido de un drama policial. Quiero decir que no hace falta que viaje en un cuerpo. Recuerde que lo que realmente es usted, es la conciencia, por lo que no necesita un cuerpo para existir. Sin embargo, cuanto más tiempo pase fuera del cuerpo, más probable será que experimente la disipación. Para perder el cuerpo, simplemente necesita desear que desaparezca. Se dará cuenta de que los únicos sentidos que utilizará son la vista y el oído, y esto es una experiencia dichosa. También verá que tiene una visión de 360 grados.
- **Puede viajar a través de universos en cuestión de segundos.** Puede pensar en un lugar, desear estar allí, y allí está. Puede señalar un lugar, imaginar que la distancia entre él y su mano se reduce, y allí está. Puede agacharse, generar energía como un cohete y salir disparado hacia el lugar elegido en el espacio exterior de un solo salto.
- **Puede acercarse y alejarse para explorar mundos a la escala que elija.** Puede encogerse hasta ser solo una célula e interactuar con el mundo y las entidades a esa escala. Solo tiene que mirar algo como referencia, como un grano de arena, y luego acercarse a él. Se dará cuenta de que la arena se hace cada vez más grande hasta que llegue al nivel de encogimiento deseado. También puede alejar el zoom, utilizando edificios o incluso planetas enteros como punto de referencia. Así, los objetos que le rodean se hacen más pequeños, y puede interactuar con seres de esa magnitud de existencia.

Translocación

Cuando cambia rápidamente un entorno astral por otro, esta experiencia se llama translocación. Esta herramienta es potente. Puede utilizarla para llegar rápidamente a donde necesita o para salir de situaciones o entornos indeseables. Combina todos los elementos de la solidificación, prolongando la duración de su viaje y maniobrando sus entornos astrales. También puede utilizarlo para aumentar su conciencia o lucidez para evitar la disipación, ya que a menudo terminará en un nuevo entorno que es aún más estable que el anterior.

Por lo general, el proceso de translocación requiere que se dirija brevemente al punto medio entre el sueño y la conciencia de vigilia. Esto se traduce en una visión temporalmente borrosa o perdida, con el riesgo de que experimentes plenamente la disipación o experimentes un falso despertar. Es un riesgo, pero cuanto más se practica, mejor se hace y menos hay que preocuparse.

Elija el entorno que quiere experimentar utilizando su fuerza de voluntad, con la intención de estar allí. Puede ser tan específico o tan general como quiera, en el sentido de que podría elegir estar en *cualquier* montaña o en el propio Monte Kinabalu. Tenga en cuenta que cuanto más general sea el lugar donde quiere estar, más variables se encontrará en el nuevo entorno. También puede optar por mantener sus opciones abiertas y simplemente querer ir a un lugar nuevo. Mejor aún, puede pedirle a su guía que le lleve a donde crea que debe ir en esta etapa de su vida.

La translocación puede llevarle a niveles de conciencia mucho más profundos en el reino astral, así como a algunos entornos emocionantes que pueden parecer tan vívidos hasta el punto de que la vida de vigilia parece un dibujo animado. También descubrirá que las cosas son más extrañas, y sus procesos de pensamiento también pueden ser más extraños. Cuanto más se practique esto en una sesión, más profundos serán los estados que descubrirá, hasta el punto de que podría olvidarse de realizar sus procesos de solidificación. Teniendo esto en cuenta, procure solidificar constantemente el nuevo entorno antes de explorarlo.

Las siguientes son técnicas que puede utilizar:

1. Sumérjase de cabeza, como ya se ha mencionado.
2. Gire sobre un eje de cabeza a pies.
3. Utilice los portales. Puede utilizar cualquier objeto como portal o simplemente utilizar cualquier puerta a su alrededor. Puede hacer que una puerta aparezca donde quiera. También puede utilizar un espejo, una ventana o cualquier superficie líquida. Con el tiempo, puede hacer un portal que se vea como en las películas, si lo desea. Incluso puede utilizar cualquier objeto cósmico del cielo. Solo basta con apuntar hacia él y sentir que se acerca a él en forma de tirolina. Al acercarse a él, probablemente le parecerá más pequeño de lo que espera, pero no importa. Arrójese a él con fuerza, esperando con confianza que le lleve a dónde quiere ir, y llegará.

Teletransportación

Se trata de una translocación sin ninguna actividad física. En su lugar, se trasladará a un nuevo lugar, utilizando su imaginación para ayudarle. Puede que esto le resulte difícil; sin embargo, solo tiene que cerrar los ojos para que funcione. Esto ayudará a crear la minidisipación que necesita para translocarse con éxito, permitiéndole refrescar la escena a lo que prefiere. También puede hacerlo con los ojos abiertos, aunque puede resultarle difícil. Por ejemplo, supongamos que ha visto efectos especiales en una película en la que una habitación se transforma o se funde en otra diferente. En ese caso, puede utilizar esto a su favor y teletransportarse con los ojos abiertos, asegurándose de solidificarse en cuanto esté en el nuevo reino.

Cosas divertidas que hacer en el reino astral

1. Volar por su vecindario.
2. Explorar el espacio exterior.

3. Llamar a sus guías y dejar que le muestren los alrededores.

4. Canalizar el poder curativo a cualquier parte del cuerpo.

5. Ayudar a sanar a un amigo o pariente a distancia visitándolo y fluyendo luz curativa a su cuerpo.

6. Meditar mientras está en el reino astral para obtener efectos más poderosos.

7. Conjurar escenarios que le gustaría que ocurrieran en su vida.

8. Solicitar que le muestren ideas de negocio viables que le den mucho dinero.

9. Visitar a los seres queridos que han fallecido.

10. Pretender ver sus vidas anteriores o comprobar cómo están las paralelas.

11. Acudir a una escuela para acelerar rápidamente el aprendizaje de cualquier habilidad que está adquiriendo en la Tierra.

12. Intentar ver una obra de arte o escuchar música que puede recrear en la Tierra.

13. Confraternizar con los grandes de su campo, tanto vivos como muertos, conocidos y desconocidos.

14. Interactuar con otras formas de vida a micro y macroescala.

15. Rejuvenecer su piel, para parecer más joven.

16. Obtener un anticipo de los posibles eventos futuros que podrían desarrollarse en su vida.

Capítulo 16: Problemas y errores a superar

Sonidos que distraen

Al proyectar, escuchará voces o ruidos al salir de su cuerpo. Pero no importa lo fuertes que sean, ni lo que digan, ignórelos. No hay nada que hacer con ellos.

Sensaciones de distracción

Aunque sienta que algo le toca, que unas manos le agarran, que alguien le sujeta, ignórelo todo. Nada de esto puede hacerle daño, pero puede desconcentrarle y hacerle perder los nervios. Si deja que esto le detenga, no tendrá ningún éxito con las proyecciones.

Cómo arreglar un mal recuerdo

Las primeras proyecciones deben ser cortas y dulces. Solo necesitará entre diez y veinte segundos, y luego deberá volver a su cuerpo. No parece emocionante, pero es necesario para mejorar el recuerdo de las proyecciones futuras. ¿De qué sirve ir a una aventura de una hora que pronto olvidará? Ejercítese haciendo que las primeras proyecciones sean breves y luego escriba esa breve experiencia.

El subidón previo a la proyección

Justo cuando está a punto de abandonar el cuerpo físico, es posible que experimente una oleada de energía a través de la zona del pecho y el estómago, casi como si estuviera muy excitado. Este es el punto en el que su cuerpo astral se separa del físico. Ya casi está allí. Haga lo que haga, mantenga la calma y no reaccione a la sensación cuando le llegue, o se despertará del todo.

El efecto de división de la mente

Recuerde que usted es multidimensional. Suponga que nota que ha pasado por todas las vibraciones, y lo único que siente es cansancio y aturdimiento. En ese caso, su cuerpo astral salió, pero no lo notó porque su conciencia estaba enfocada a través de su cuerpo físico, no de ambos cuerpos. Es posible que en este momento se encuentre paralizado. No pasa nada. Solo mantenga la calma y espere a que su cuerpo astral regrese, permaneciendo en ese estado de trance. Tiene que mantener su mente despejada mientras espera su regreso. Cuando regrese, y su mente esté libre y despejada, tendrá recuerdos completos de todo lo que hizo inundando su mente.

Errores que hay que evitar al realizar una proyección astral

Saltar de un método a otro. Algunas personas se impacientan con el proceso y pasan de un sistema a otro. Debería seguir una técnica durante al menos dos o cuatro semanas antes de decidir que no le funciona. Comprendo que piense: "¿Y si me quedo con el sistema equivocado durante demasiado tiempo? ¿No estoy perdiendo un tiempo precioso?". A eso le digo que el plano astral no va a ninguna parte. Para mitigar el riesgo de quedarse con un método con el que no resuene, recorra todos los distintos y elija solo el que su instinto le diga que debe probar. Siempre estará ahí para que lo explore. Además, dedicar tiempo a dominar un método no es un desperdicio porque mejorará el aprendizaje de la relajación adecuada, que es absolutamente esencial para el éxito de la proyección.

Intentar proyectar de noche. No si es nuevo. No es el mejor momento, como ya se ha mencionado antes. Comience con la proyección astral cuando se despierte, luego con el tiempo, podrá proyectar por la noche o cuando le apetezca.

Abandonar porque aún no tiene resultados. Algunas personas lo intentan una vez y luego dicen: "Ya está, no funciona, he terminado". Por ejemplo, el otro día leí un blog de una señora que fue a una especie de clase de proyección astral. El instructor básicamente hizo que los estudiantes hicieran técnicas de visualización, ¡haciéndoles creer que se habían proyectado astralmente! Si los estudiantes lo hubieran sabido, estaban tratando con un Barney de la vida real, y todo lo que hicieron fue usar su imaginación, no salir de sus cuerpos. Lamentablemente, la señora lo descartó como algo que no volvería a intentar.

Puede que haya leído artículos e investigaciones que menosprecian este fenómeno, pero la única forma de saberlo es probándolo uno mismo. Si ha sido víctima de los estafadores, no se apresure a descartarlo. En lugar de ello, utilice lo que ahora sabe y pruébelo. Además, no renuncie solo porque no haya funcionado en los primeros intentos. La paciencia es su amiga. Utilice las afirmaciones para ayudarle a ser más dedicado y constante con su práctica.

Confundir la relajación con la etapa de "cuerpo dormido". Algunos principiantes entran en la etapa de relajación profunda y asumen que eso significa que su cuerpo está dormido. No es lo mismo. Sabrá cuando su cuerpo está realmente dormido porque experimentará hipnagogia, o sonidos, imágenes y sensaciones alucinantes. También notará que no tiene pensamientos, y su sentido del tiempo es que es más lento, casi se detiene. También comenzará a sentir las vibraciones. Por lo tanto, no trate de salir de su cuerpo en la etapa de relajación.

Intentar proyectar con una mente llena de miedo. Sí, está haciendo algo nuevo, pero no debe dejar que eso le asuste. No puede librarse del sentimiento de miedo, pero puede transmutarlo en emoción. Ambas emociones aparecen en su cuerpo de la misma manera. La diferencia está en la forma en que ha escogido ver esta novedad. Modifique sus pensamientos. Por ejemplo, en lugar de pensar: "¿Y si no vuelvo a mi cuerpo?", puede decir: "Si no vuelvo a tiempo, ¡eso significa más tiempo para explorar!". Su actitud es fundamental. Además, le ayuda a aprender más sobre la proyección astral. Cuanto más conozca, menos tendrá que temer.

Darse demasiadas vueltas en la cabeza. No se pregunte: "¿Lo estoy haciendo bien? ¿Está bien que me vaya?" mientras esté tratando de proyectar. En lugar de eso, deje el parloteo interno y simplemente hágalo. Una forma excelente de detener su monólogo interno es escuchar. Puede dejar que los pensamientos pasen volando, permaneciendo emocionalmente desvinculado de ellos. Puede escuchar el pequeño zumbido entre sus oídos. Puede dirigir su atención a su tercer ojo. Haga lo que haga, no intente silenciar su mente por la fuerza, porque eso solo hará que fluyan más pensamientos e interrumpirá su proceso. En lugar de ello, deje que vayan y vengan sin juzgarlos, y devuelva suavemente su conciencia a la tarea que tiene entre manos.

Rascarse los picores y darse la vuelta. Ya hemos hablado de esto antes, pero vale la pena repetirlo. Deje ese picor. No es un mosquito el que le está picando, se lo prometo. Además, no se dé la vuelta. Si lo hace, recuerde que ya se aseguró de que su cuerpo estaba en una posición cómoda y segura antes del proceso.

Estar despierto por golpes o sonidos fuertes. Esto es algo raro que ocurre. Admitiré que incluso yo mismo he caído en ello algunas veces, especialmente cuando me proyecto en el día y no estoy solo en casa. A veces, escuchará un fuerte golpe o sonido en la puerta, con alguien conocido o querido llamándole. Si ha llegado al punto de poder proyectar por la noche, y son las 11 de la noche o incluso las 3 de la madrugada, haga una pausa y pregúntese si hay alguien que conozca que llamaría a su puerta a esa hora. Aprenderá a no caer en ese truco y a continuar con su proyección.

Estar demasiado desesperado. Quiere esta experiencia mágica. Eso es comprensible, pero no conviene que esté tan desesperado por ella que sufra de ansiedad de actuación cada vez que quiera salir de su cuerpo. Así que, relájese y sea usted mismo, y lo hará bien. Puede afirmar con suavidad y cariño: "Estoy haciendo esto tranquilo y divirtiéndome con ello".

Improvisar con el método elegido. No debería cambiar nada del método de proyección astral que esté utilizando, al menos no cuando esté comenzando. Puede experimentar más adelante, cuando le haya cogido el tranquillo.

Intentar hacer esto más complicado de lo que es. Puede leer otro material sobre formas más sofisticadas de abandonar el cuerpo. Sin embargo, a veces, lo simple funciona mejor, lo cual no es una excepción para la proyección astral.

Abandonar la separación incompleta. El hecho de que su cuerpo esté atascado no significa que haya fracasado. En lugar de eso, sea más agresivo con su esfuerzo, y asegúrese con una confianza tranquila de que esto es fácil para usted.

No darse cuenta de que se está en el astral. Esto ocurre cuando está en la zona de tiempo real o cuando no tiene la sensación de separación de su cuerpo. Por eso debe hacer comprobaciones de la realidad para reducir las probabilidades de que esto ocurra.

No tener intenciones firmes. Si desea tener éxito, necesitará fuerza de voluntad. Cuando se despierte del sueño, su deseo de proyectar debe ser poderoso, y debe mantener toda su conciencia en hacer que eso ocurra para que obtenga resultados. Puede ser un poco difícil porque el tirón del sueño o del horario del día puede ser bastante intenso, pero necesita tener voluntad para lograrlo. Paradójicamente, necesita ser capaz de liberar este enfoque de vez en cuando para que pueda permitir que su cuerpo se deslice de nuevo en el sueño y luego salir de allí. Utilice la afirmación: "Pase lo que pase, me estoy proyectando astralmente". Repítase esto a sí mismo antes de acostarse y también cuando se despierte.

Demasiados intentos consecutivos. Vaya con cuidado con esto. Practique tres días a la semana, o cuatro como máximo. Dese un tiempo entre sus intentos para no sentirse demasiado presionado, lo que puede dificultar que llegue a la fase de reposo. En los días en que no esté proyectando, siga meditando. Esto aumentará su nivel de conciencia y le hará más sensible a las energías más sutiles, una habilidad que necesita para dominar la proyección astral.

Solución de problemas de proyección

Una de mis manos astrales es más débil que la otra, por lo que no puedo utilizar la técnica de la cuerda. Debe mejorar su conciencia táctil. Busque un lugar en el que no le molesten durante cinco minutos y roce ligeramente el dorso de cada mano con la otra, y luego deje de hacerlo. A continuación, siéntese con la sensación de que sus manos se rozan. Intente generar esa sensación sin el movimiento físico del roce. Hágalo durante al menos cinco minutos al día y verá cómo mejora. También puede cambiar de técnica mientras tanto.

Me sigue distrayendo el aumento de energía en mi torso. Esto ocurre justo cuando el reflejo de proyección se pone en marcha, y también sentirá vértigo junto con el aumento de energía en el vientre y el pecho. Esta oleada de energía proviene de los chakras inferiores, y ayudan a alimentar su cuerpo astral para que pueda proyectarse. Mantenga la calma y no reaccione. No le hará daño. Cuanto más proyecte, menos intensa será la oleada. También puede subir a montañas rusas u otras aventuras para ayudarle a superar la sensación.

Cuando estoy en trance, siento telarañas, escozor y picor en la cara y el cuello. A medida que la energía se desplaza por los chakras mayores y menores de todo el cuerpo, es posible que lo sienta como telarañas o picores. Normalmente, las sensaciones coinciden con varios puntos de acupuntura de la cara. La sensación se irá reduciendo poco a poco a medida que continúe trabajando en la proyección, porque irá mejorando en el manejo del aumento del flujo de energía. Para ayudarle con esto, cepille suavemente su cara y luego intente recrear la sensación de cepillado sin tocar su cara. Amplifique esa sensación todo lo que pueda y, si la pierde, vuelva a cepillarse la cara. Practique esto durante cinco o diez minutos diarios y haga el mismo ejercicio en el cuello. Además, rocíe su habitación con un spray para insectos antes de sus sesiones de proyección. De este modo, cuando sienta esas sensaciones de escozor y picor, sabrá que definitivamente no es un mosquito o algún otro bicho.

Siento presión en la cabeza. Eso es algo bueno. Significa que sus chakras están respondiendo al flujo de energía que se produce cuando va a proyectarse. Así que ignore la presión lo mejor que pueda.

Siento como si hubiera una banda muy apretada alrededor de mi cabeza. Eso es un signo de actividad en su chakra de la corona. Si encuentra que esto le está causando migrañas y dolores de cabeza, entonces pare. Tómese un descanso. Vuelva a intentarlo dentro de unos días. Durante el descanso, estimule suavemente los chakras de la corona y del tercer ojo. Siéntese durante solo cinco minutos y sienta cada uno de ellos. El chakra de la corona está en la parte superior de la cabeza, mientras que el tercer ojo está entre los ojos, ligeramente por encima de ambas cejas.

Tengo la sensación de ahogarme o ser estrangulado. Si siente presión en el pecho y la garganta, suele ser porque los chakras del corazón y la garganta están trabajando. Si no tiene suficiente oxígeno, podría deberse a una apnea del sueño, en la que deja de respirar mientras duerme y de repente jadea cuando sus niveles de oxígeno son demasiado bajos. El trance le ayudará a notar cualquier problema que tenga con la respiración durante el sueño. Puede intentar colocar la cabeza de forma que esté inclinada hacia atrás. De este modo, sus vías respiratorias estarán más abiertas. Dicho esto, consulte a su médico al respecto.

Sigo pegado a mi cuerpo en las piernas, cabeza y estómago. Evite comer comidas pesadas con proteínas antes de proyectar. La digestión requiere mucha energía, así que cuanto más pesada sea la comida, más energía se canaliza hacia el proceso digestivo. Su cuerpo astral se apaga durante una hora o más cuando ha tenido un enorme festín, y sus chakras pueden ralentizarse hasta el punto de la inactividad. Por lo tanto, reduzca las comidas enormes, especialmente las proteínas pesadas, cuando quiera salir de su cuerpo. Además, quítese las joyas que lleve puestas. Su cuerpo astral no tiene problemas para pasar a través de los objetos, pero por alguna razón, tener joyas puestas puede interferir con la salida de su cuerpo astral.

No importa lo que haga, no puedo ver bien una vez que estoy fuera de mi cuerpo. Una de las principales causas de la mala visión astral es la falta de flujo de energía hacia el cuerpo astral. La mejor manera de solucionar este problema es extraer energía de su cuerpo físico. Es algo sencillo de hacer y ha demostrado ser adecuado una y otra vez. Solo tiene que sentir que extrae energía de su cuerpo físico, y esa energía fluirá. Puede visualizar o imaginar que una luz dorada o blanca azulada fluye desde su cuerpo a través de su cordón plateado hacia su doble astral. Si no puede encontrar su cordón plateado, solo imagine que está energizado por la luz.

- Conjurar una lámpara o antorcha en la mano.
- Muévase a otra habitación con más iluminación.
- Diga: "¡Luz ahora!" o "¡Claridad ahora!". Con una actitud de confianza.
- Deje una lámpara encendida antes de proyectar.
- Imagine que la luz inunda de repente la habitación.
- Teletranspórtese a un lugar que sepa que está bien iluminado.
- Proyecte solo durante el día.

Sigo encontrando criaturas o seres aterradores. Lo primero es que deje de tener miedo cuando se proyecte. Nadie puede hacerle daño. En segundo lugar, necesita ser valiente. La próxima vez que una criatura o un ser le incomode, imagínese una luz cegadora que irradia desde su chakra del corazón y que le rodea. Sienta que lo envuelve como la manta más confortable de todas.

Otra cosa que puede hacer es mirar a ese ser y sentir un intenso amor por usted y por ellos también. No podrán soportarlo y le dejarán en paz. Si solo son sus formas de pensamiento, se desvanecerán en la nada. Así que, si se siente valiente, deles un gran abrazo y aumente realmente el amor en su corazón.

Capítulo 17: Estrategias de salida

Una pregunta que se hace mucho es cómo se regresa del plano astral. Es una preocupación comprensible, que solo existe porque ha habido muchas tergiversaciones de la proyección astral en los medios de comunicación y mitos perpetuados por los ignorantes.

No hay razón para preocuparse de que su alma se quede atascada en algún lugar o no sepa cómo volver a su cuerpo. Nunca volverá para encontrar que alguien o algo más ha fijado su residencia en su cuerpo porque estas cosas no ocurren. De hecho, es incluso más difícil dejar su cuerpo de lo que es para usted volver a él. Así que, para entender por qué no tiene nada que temer, hablemos del cordón plateado en detalle.

Después de mis primeras proyecciones conscientes, hace muchos años, me di cuenta de que el problema de salir de mi cuerpo no era permanecer fuera todo el tiempo posible. Durante mucho tiempo, luché por intentar prolongar la experiencia. No estaba en el mejor momento de mi vida en aquel entonces, así que puedes entender por qué querría simplemente escapar al plano astral y permanecer allí para siempre si pudiera.

Lo que pronto aprendí fue que esta no era una lucha única. Es algo con lo que tienen que lidiar muchos viajeros astrales. Por eso encontrará infinidad de material que habla de cómo profundizar su experiencia o prolongar su estancia en el reino astral. Si no regresa por causa de la disipación, será alguien quien llame a su puerta o la llamada de la Madre Naturaleza para que se dé una vuelta. Por lo tanto, no es necesario temer quedar atrapado en el plano astral. De una forma u otra, regresará al físico.

Como se ha mencionado antes, si se emociona o se asusta demasiado, se encontrará de nuevo en su cuerpo físico. Si no puede salir, solo puede generar una intensa sensación de excitación. Por supuesto, no necesita una razón para sentirse excitado, pero si le sirve de ayuda, puede pensar en una, de modo que inmediatamente se le devuelve al mundo ordinario. ¿Quiere quedarse más tiempo? Entonces mantenga su estado de ánimo uniforme y tranquilo, además de hacer los ejercicios de solidificación.

El cordón de plata

Este es un cordón literal que conecta su cuerpo y su alma. Es este mismo cordón el que le muestra el camino de regreso a su cuerpo cuando está en el plano astral. Puede que lo vea o no, pero está ahí. Nadie puede cortarlo, por muy "poderoso" que sea. No es una cuerda ordinaria. Le da vida a su cuerpo desde su ser superior, permitiendo que su conciencia fluya en su cuerpo físico, así como en sus otros cuerpos.

El cordón está conectado a su cuerpo en diferentes puntos, dependiendo de su proyección actual. Por lo general, están conectados a los puntos principales de los chakras. Sin embargo, Robert Bruce los describe como conectados a una convergencia de cordones que salen de los chakras mayores y de algunos menores.

El cordón de plata es eterno. La única vez que se corta es si muere, y usted no va a morir por ninguna experiencia en el plano astral, solo para poner fin a esa mentira de inmediato. Además, se extiende infinitamente, así que incluso si de alguna manera viaja a años luz de su cuerpo, no importará. No tiene límites.

Nadie puede destruir su cordón, ni siquiera usted. Cuando se proyecta, se puede probar y ver por sí mismo. No se puede romper ni desgarrar, y aunque uno supondría que todo ese viaje debería enredarlo, no se enrolla en nudos. Está hecha de energía pura, que no puede ser destruida. Este cordón también asegura que su cuerpo es suyo y solo suyo, por lo que no tiene que preocuparse de que otra persona lo posea.

Regreso del reino astral

Para regresar, todo lo que tiene que hacer es seguir su cordón plateado. Eso es todo. Si no lo puede encontrar, no se asuste. El mero hecho de pensar en su cuerpo le devolverá a él. Simplemente, tenga la intención con fuerza de voluntad de que le gustaría volver a su cuerpo, y estará allí. Recuerde que hemos hablado de la física de este reino. Conceptos como el espacio y el tiempo no funcionan de la misma manera que en la Tierra, así que no debe preocuparse por tardar una eternidad en encontrar su cuerpo o teletransportarse a él. Puede trazar su ruta de vuelta con la cuerda sin preocuparse de que hayan pasado años y sus seres queridos piensen que está en coma, en el mejor de los casos, o muerto, en el peor. Puede acelerar el proceso. Todo depende de usted.

Otra preocupación que puede tener es encontrar el camino de vuelta a casa, sobre todo si el cordón umbilical no es visible para usted. Pero, de nuevo, este reino responde al pensamiento. Por lo tanto, no es de su incumbencia dónde se encuentra en relación con su dormitorio. Puede volver a casa en un abrir y cerrar de ojos.

Mantener un estado mental positivo antes de abandonar su cuerpo le asegurará que no tendrá ningún problema para volver cuando lo necesite. Si abandona su cuerpo mientras se siente mal, no pasa nada. Solo recuerde que, independientemente de lo que esté sucediendo a su alrededor en cualquier momento, puede elegir irradiar luz y amor en el pensamiento y la energía. Hacer eso arreglará las cosas y le ayudará a volver a casa. Si prefiere ver su cordón plateado todo el tiempo, entonces solo necesita imaginar que está allí, y aparecerá para usted.

Otras formas de salir del reino astral

Tener una reacción emocional intensa. Puede hacer que se recuerde algo que le provoque una gran emoción. Si está muy en sintonía con sus sentimientos, puede generar la emoción sin contexto. Y eso le hará volver a su cuerpo.

Haga que su cuerpo se tense. ¿En qué se diferencia esto de tensar su cuerpo? Para que quede claro, cuando digo "tensar su cuerpo" para solidificar su entorno, me refiero a su cuerpo *astral*. Cuando se trata de su salida, debe tensar su cuerpo *físico*. Tiene una conexión con él, incluso desde el astral. Así que la intención de tensar sus músculos será comunicada al cuerpo físico a través del cordón de plata.

Nivel de conciencia alto: Crítico para la salida

Cuando su nivel de conciencia es demasiado bajo, a veces puede estar en una proyección y luego caer en un estado de lucidez parcial. En este estado, se olvida que está proyectando y que está a cargo, y puede dejarse llevar por lo que está sucediendo a su alrededor. Esto es lo que hace que tenga "sueños" muy intensos (cito la palabra sueños porque cree que está soñando, pero no es así) en los que se siente atrapado y aparentemente no puede despertar sin importar lo que haga.

Descargar de los recuerdos en el cerebro

Mientras se prepara para salir del reino astral, debe anotar mentalmente algunas palabras clave que resuman su experiencia, al igual que hace con un diario de sueños. O, mejor aún, puede escribir las palabras clave mientras comienza el proceso de salida para poder recordarlas cuando se despierte.

Suponga que su cuerpo físico está despierto, aunque sea un poco cuando el astral vuelve a entrar en él. En ese caso, sentirá que la energía se precipita a través de su cuerpo, llevando el físico a la plena conciencia. Es rápido y se siente casi como una descarga de adrenalina que sube desde la parte inferior del cuerpo hasta el estómago y el pecho y luego se detiene abruptamente.

Cuando tenga estas sensaciones, es el mejor momento para descargar los recuerdos de su viaje astral a su cerebro físico, para que no lo olvide. Lo que tiene que hacer es generar una sensación intensa de necesidad de recordar algo, y entonces las palabras clave que gritó deberían volver a usted.

Siéntese y ponga los pies en el suelo, y luego haga todo el esfuerzo que pueda para recordar todas las palabras clave y todos los recuerdos. No se rinda. Están ahí, y solo necesita sacarlos. Por lo general, cuando encuentra, aunque sea un trozo, el resto de las experiencias que tuvo en el reino astral le volverán a inundar. Puede resultarle útil trabajar hacia atrás, es decir, recordar lo último que ocurrió, y luego lo anterior, hasta llegar al recuerdo de la salida del cuerpo.

La mejor manera de asegurarse de recordar siempre sus viajes es cronometrarlos usted mismo y salir deliberadamente en lugar de esperar a que se disipen. Así que, en el reino astral, solidifique su mundo mientras ejecuta su plan. Luego, cuando haya terminado, salga de ese mundo en sus propios términos. No se demore más de lo necesario. Así se asegurará de recordar hasta el último detalle de su viaje.

¿Recuerda la división de la mente? Aquí entra en juego. Cuando regrese a su cuerpo, mantenga su conciencia clara en la forma astral. Haga todo lo posible por ignorar las sensaciones intensas que tenga al reingresar, ya que estas pueden hacer que rompa su concentración y olvide sus palabras clave. Su intención de mantener su conciencia en su forma astral debe ser firme mientras reingresa. No permita que ese cuerpo sucumba a las oleadas de energía que sentirá al volver a su forma física. Debe mantener su concentración en el lugar donde ha estado, en lo que ha hecho. Puede gritar una frase desencadenante que le ayude al reingresar, como: "El Buda se ríe", si por casualidad tuvo una conversación con el Buda sobre la risa o algo así.

Caídas durante el sueño

¿Alguna vez ha estado en la cama, quedándose dormido, cuando de repente se ha sacudido en la cama porque sentía que se estaba cayendo literalmente, así que se despierta y se "atrapa" a sí mismo? Esto puede ocurrir varias veces antes de que finalmente se duerma. La causa de esta sensación es una breve salida y reentrada del cuerpo astral.

Supongamos que nota que está muy aletargado y pesado después de esta sensación de caída. En ese caso, es probable que su cuerpo astral haya abandonado el edificio, por así decirlo. Por otro lado, si se despierta por completo y se atrapa, entonces ha vuelto a entrar. Si es el primer caso, mantenga una intención firme en su mente de que volverá inmediatamente a su cuerpo cuando se encuentre en el reino astral. Dígase a sí mismo que gritará una frase desencadenante mientras lo hace. Esto le ayudará a saber qué ha hecho su cuerpo astral y a mejorar la descarga de sus recuerdos.

¿Siente constantemente esa sensación de caída? Entonces, la próxima vez, intente permanecer despierto un poco más de lo normal, manteniendo su conciencia entre el sueño y la vigilia. Por ejemplo, puede sostener los antebrazos con los codos sobre la cama para que, cuando se duerma, sus manos se deslicen y le despierten. De este modo, tiene más posibilidades de recordar cualquier experiencia astral que pueda tener.

La única vez que no pudo volver a entrar

Si al intentar volver a entrar en su cuerpo se da cuenta de que no puede, lo más probable es que su cuerpo físico haya entrado en un sueño profundo. En esta etapa del sueño, su cuerpo astral está temporalmente bloqueado, y puede tener la sensación de que su cuerpo ha muerto mientras estaba fuera. Si extiende la mano para tocar su cuerpo físico, lo sentirá frío, casi como un cadáver.

Cualquier ruido físico hará que su cuerpo físico se despierte, y entonces eso permitirá que su cuerpo astral vuelva a entrar. Cuando esto ocurre, tiene una sensación de intenso terror y pavor cuando se despierta, y los recuerdos inundan su mente al instante, por lo que lo recuerda todo. Es posible que después de esta experiencia sienta pavor por la proyección astral.

Ahora sabe lo que ocurre cuando no puede entrar. No debería permitirse sentir miedo. Comprenda que esto ocurre muy a menudo con los proyectores de todo el mundo y que no corre ningún peligro. Así que, ¿por qué no aprovechar el tiempo extra que tiene? Realice aún más viajes y marque cualquier otro plan que pudiera tener para la próxima proyección.

No llegue a la conclusión de que está muerto solo porque no puede volver a entrar en su cuerpo. Si no ve a ningún pariente o amigo fallecido, ni a figuras religiosas, ángeles u otros amigos de vidas pasadas, es probable que solo se encuentre en un sueño profundo. No se asuste.

Método de la cinta de oscilación de Robert Bruce

Este es un método excelente, especialmente cuando quiere asegurarse de que recuerda todo lo que ha experimentado. También es útil cuando sus primeros intentos de salir de su cuerpo no funcionan o cuando se pierde una salida astral y no tiene idea de si tuvo éxito o no. Puede utilizar este método para despertarse, y es mejor que utilizar una alarma normal.

Grabe un sonido de golpeteo utilizando su teléfono u ordenador. Por ejemplo, desea golpear ligeramente su escritorio de madera. Dé un solo golpe por segundo durante cinco segundos. Deje que transcurran diez segundos de silencio y grabe golpes ligeramente más fuertes una vez por segundo durante solo cinco segundos. Deje pasar otros diez segundos. La siguiente serie de golpecitos tiene que ser un sonido tintineante, lo más ligero posible. Puede golpear un bolígrafo contra una taza de café, o un vaso, durante cinco segundos, golpeando una vez cada segundo. A continuación, deje pasar otros diez segundos.

La siguiente serie de golpecitos debe ser ligeramente más fuerte, pero con el mismo formato que antes. Puede pasar a sonidos progresivamente más agudos, llegando a golpear una cuchara contra una olla de metal. Puede utilizar un xilófono o cualquier sonido que le guste para mantener el interés. Cuando haya terminado de grabar, puede ponerlo a su volumen preferido como alarma.

Cuando está fuera de su cuerpo, debe permanecer a unos seis metros o veinte pies de distancia de él, para no ser absorbido de nuevo. Si nota que hay una presión que intenta atraerle de nuevo, resístase a ella y aléjese lo más rápidamente posible de su cuerpo. Mejor aún, si hay otro reloj en la casa, puede ir a esa otra habitación y vigilarlo, esperando entrar en su cuerpo. Luego, cuando suene la alarma, regrese a la habitación para volver a entrar en su cuerpo.

Tenga en cuenta que su cuerpo físico puede estar en cualquier lugar, desde un sueño ligero, medio o profundo. Mantenga su frase de reingreso firmemente en su mente mientras espera las sensaciones de tirón, lo que significa que su cuerpo está empezando a despertar. En cuanto sienta el tirón, deslícese hacia su cuerpo físico mientras grita su frase con intensa emoción. Su intención debe ser hacerse cargo de su cuerpo físico y forzarlo a despertar, para poder escribir su experiencia. No hace falta decir que su diario debe estar al alcance de la mano.

Espero sinceramente que con este último capítulo haya podido disipar a fondo cualquier temor que tenga y que le haya hecho rehuir de salir de su cuerpo. La puerta está abierta ahora. Solo necesita atravesarla, y ya sabe cómo hacerlo.

Bono: Calendario de prácticas diarias para el viaje astral

Este es un calendario de prácticas diarias que puede utilizar para prepararse para una salida exitosa de su cuerpo. Solo necesitará quince minutos al día: cinco minutos para las afirmaciones, cinco para las meditaciones y cinco para sus ejercicios de atención plena.

Luego, **registre sus sueños cada vez que se despierte durante los próximos 30 días.** De nuevo, si todo lo que recuerda es una imagen, escríbala. Si usted no recuerda haber soñado, simplemente escriba cómo se siente, y confíe en que comenzará a recordar sus sueños en su totalidad.

Día 1

Afirmación: soy consciente de que existo en múltiples dimensiones de la existencia.

Meditación: siéntese con los ojos cerrados y observe su respiración.

Ejercicio de atención plena: siéntese con los ojos abiertos y limítese a observar su cuerpo. Mire sus manos y el resto de su cuerpo visible con un estado de desapego, como si fuera un vehículo. Luego, reflexione sobre esta pregunta: "¿Quién mira a través de mis ojos?".

Día 2

Afirmación: siempre soy consciente de mi cuerpo cuando se va a dormir.

Meditación: cierre los ojos, acuéstese y observe su respiración.

Ejercicio de atención plena: camine de un lugar a otro. Cierre los ojos. En su mente, recree la sensación de caminar desde donde estaba hasta donde está, sintiendo sus pies contra el suelo, su cuerpo empujando contra el aire. Abra los ojos y vuelva al primer punto. Cierre los ojos y vuelva a recrear el movimiento. Asegúrese de tener en cuenta el cambio de ubicación en su imaginación.

Día 3

Afirmación: soy consciente mientras me separo de mi cuerpo mientras duerme.

Meditación: siéntese y mire el dorso de las manos. Cepille cada una de ellas con la otra. Durante cinco minutos, continúe cepillando sus manos, pero en su mente. Debe sentir que su conciencia en las manos aumenta.

Ejercicio de atención plena: preste atención a sus pensamientos. Pregúntese cada vez que haga una suposición: "¿Pero es verdad? ¿Quiero que sea verdad? ¿Acepto eso como mi verdad?".

Día 4

Afirmación: soy mucho más que mi cuerpo físico.

Meditación: siéntese y cierre los ojos. Imagine que una oleada de energía blanca inunda su cuerpo físico en línea recta desde su chakra raíz. Vea cómo sube por el punto medio de los chakras del vientre, el pecho, la garganta y el tercer ojo, y luego sale por la parte superior de la cabeza.

Ejercicio de atención plena: diga su nombre en voz alta. Escuche su voz y observe cómo suena. A continuación, repita su nombre, esta vez como si se dirigiera a otra persona, no a usted mismo.

Día 5

Afirmación: recuerdo todo lo que hago en el plano astral cuando me despierto.

Meditación: siéntese y cierre los ojos. Concéntrese en su respiración. A la mitad del tiempo, percíbase sentado en una silla diferente, de cara a una pared diferente. Debería sentir en su cuerpo y en su mente que está en esta otra posición.

Ejercicio de atención plena: al final de su día, recuerde todo lo que ha sucedido durante el mismo, yendo hacia atrás, desde que se acostó hasta que se lavó los dientes para ir a la cama, y así sucesivamente. Continúe hasta el momento en que se despertó por la mañana.

Día 6

Afirmación: siempre recibo valor de cada proyección que tengo.

Meditación: cierre los ojos y escuche los sonidos que le rodean, sin juzgarlos y sin intentar averiguar qué significan.

Ejercicio de atención plena: acuéstese. Cierre los ojos. Desde una perspectiva en primera persona, visualícese fuera de su casa. Entre en su casa y diríjase al lugar donde está acostado. Mírese como si fuera un extraño. Observe el ascenso y descenso de su pecho al respirar.

Día 7

Afirmación: permanezco en completo control de todas mis experiencias astrales.

Meditación: siéntese con los ojos cerrados y mantenga la conciencia centrada en el chakra del corazón, justo en el centro del pecho.

Ejercicio de atención plena: cierre los ojos. Genere una sensación de caída en su interior. Piense en lo que se siente al bajar por una montaña rusa o en un ascensor y cree esa sensación: alterne entre intensificar la sensación de caída y ralentizarla.

Día 8

Afirmación: soy dueño de mi mente. Utilizo mi mente para hacer mi voluntad.

Meditación: siéntese en silencio durante cinco minutos y contemple la inmensidad del universo, y siéntese con el hecho de que el universo está dentro y no fuera de usted.

Ejercicio de atención plena: cada vez que note que algo negativo cruza por su mente hoy, su trabajo consiste en observar sus emociones con desapego. Reconózcala, deténgase y obsérvelas. No accione sobre ellas. En su lugar, escoja hacer algo que sea completamente opuesto a su reacción habitual.

Día 9

Afirmación: todo lo que quiero que suceda se hace.

Meditación: siéntese en silencio. Cierre los ojos y permítase sentirse abrumado por un sentimiento de gratitud y plenitud sin motivo.

Ejercicio de atención plena: preste atención a sus pensamientos. Pregúntese cada vez que haga una suposición: "¿Pero es verdad? ¿Quiero que sea verdad? ¿Acepto eso como mi verdad?".

Día 10

Afirmación: soy ligero como una pluma, firme como una roca.

Meditación: siéntese durante cinco minutos, observando su respiración.

Ejercicio de atención plena: juegue a sentirse pesado y luego ligero. Alterne ambas sensaciones. Deje que surja en su mente cualquier imagen que se corresponda con estas sensaciones. Observe cómo su cuerpo traduce esas sensaciones.

Día 11

Afirmación: el único "dónde" es aquí.

Meditación: póngase al aire libre con los pies descalzos. Si puede estar de pie sobre la tierra desnuda, aún mejor. Cierre los ojos y respire. Conéctese con el momento.

Ejercicio de atención plena: escoja un lugar para sentarse y observar a la gente. En su imaginación, extienda el brazo y toque las manos de las personas que están al otro lado de la calle. También puede tocar objetos. Pruebe a cogerlos con las manos de su mente. Sienta sus texturas y formas. Note su peso.

Día 12

Afirmación: el único "cuando" es ahora.

Meditación: para esta meditación, no se tome el tiempo. Simplemente permanezca sentado hasta que empiece a notar que no puede percibir lo rápido o lo lento que es el tiempo, si es que existe. Cuando tenga esta sensación, respire profundamente unas cuantas veces y salga de la meditación.

Ejercicio de atención plena: pase todo el día sin mirar el reloj. Si está en el trabajo y su trabajo es sensible al tiempo, escoja un momento en el que sepa que no le molestará hacer esto. Cada vez que le pique el gusanillo de mirar lo que dice el reloj, afirme: "El único 'cuando' es ahora".

Día 13

Afirmación: nada significa nada, excepto lo que yo creo que significa.

Meditación: siéntese en silencio, escuchando los sonidos que le rodean. Cuando su mente intente atribuirle un significado, un origen o una etiqueta, déjelo ir.

Ejercicio de atención plena: su ejercicio consiste en imaginar un significado diferente para lo que escucha, ya sea una canción en la radio, un amigo que le habla o las noticias. Aplique deliberadamente un significado que prefiera o incluso uno que no prefiera. Observe lo que ocurre en su mente.

Día 14

Afirmación: soy deliberado en cuanto a los significados que asigno a las cosas.

Meditación: siéntese con los ojos abiertos. Mire alrededor de la habitación varios objetos y deje ir todas las descripciones y significados que su mente trata de asignarles.

Ejercicio de atención plena: escoja un color. Cada vez que lo vea hoy, en el ojo de su mente, dele un color diferente.

Día 15

Afirmación: estoy en sintonía con mi cuerpo astral.

Meditación: siéntese con los ojos cerrados y perciba todas las sensaciones que siente, dentro y fuera. Cuando su mente intente etiquetarlo, ya sea un picor, una punzada o una energía sutil, no se quede en las definiciones de su mente. Deje que se vaya.

Ejercicio de atención plena: durante cinco minutos, dígale a un amigo que le haga cosquillas con algo ligero y de plumas. Querrá reírse, pero pregúntese: "¿Tengo que hacerlo?". Solo tiene que sentarse y observar la sensación. No tiene que hacer nada. No trate de detenerlas.

Comience de nuevo desde el primer día durante las próximas dos semanas.

El día 31 es cuando debe hacer su primer intento de proyección astral. Realice los ejercicios que le parezcan más adecuados y, a continuación, tómese el tiempo necesario para leer su diario de sueños. Permítase sumergirse en los recuerdos, sumergirse en ellos como lo haría con una novela o una película. A continuación, con el método de proyección que más le guste, abandone su cuerpo.

Si tiene éxito, asegúrese de que solo permanece fuera durante diez o veinte segundos, solidificando el estado, y luego vuelva a entrar deliberadamente en su cuerpo. Ese debe ser su único plan en el primer intento.

En los siguientes intentos, elabore un plan sobre lo que quiere hacer, tenga un plan de respaldo si no puede ejecutarlo por alguna razón, o tenga más tiempo en el reino astral porque su cuerpo está en un sueño profundo. Si no está seguro de lo que debe hacer, consulte el capítulo quince para obtener ideas sobre lo que puede hacer en el plano astral.

Si no tiene éxito, no se asuste. En lugar de eso, realice una semana más de su práctica astral diaria, y luego inténtelo de nuevo.

Conclusión

Este libro termina aquí, pero es el comienzo del resto de su vida, seguro. Antes de terminar, quiero recalcar que no hay que abandonar solo porque no haya dejado el cuerpo las primeras veces. Algunas personas lo consiguen enseguida, pero otras necesitan más tiempo. Es lo mismo con cualquier habilidad. Por favor, sea paciente con el proceso y sea paciente consigo mismo también. Supongamos que se machaca por no hacerlo bien. En ese caso, solo está prolongando el proceso, preparándose para la decepción en el mejor de los casos o el escepticismo permanente en el peor. Eso sería como ver las puertas de la ciudad del oro, cerrarlas con sus propias manos y tirar las llaves.

Ahora, sé que probablemente miró esa sección de bonos y decidió que no va a esperar un mes entero para abandonar su cuerpo. Entiendo por qué se siente así. Quiere mantener el impulso, sabiendo lo que ahora sabe, ¡y eso es encomiable! Sin embargo, la cosa es la siguiente: tiene que darse tiempo. Si primero prepara el terreno, las probabilidades de éxito aumentarán enormemente. Los ejercicios que se le han dado son increíblemente poderosos. Le devolverán lo que ha aprendido en formas que no podría imaginar si invierte el tiempo y los hace primero.

No se sienta tentado a usar el estilo libre de los métodos de salida o entrada cuando esté empezando. Tiene todo el tiempo del mundo para seguir sus propias corazonadas y experimentar, pero por ahora, debe acostumbrarse primero al proceso de proyección. Es como si no hubiese conducido un vehículo en su vida, y de repente decidiese subirse a un coche y hacer como si protagonizase una película de *Rápido y Furioso*. Naturalmente, no le gustará cómo acaba. Del mismo modo, por favor, siga todas las instrucciones al pie de la letra para no encontrarse con problemas que podría haber evitado.

En este sentido, le rogamos que las primeras proyecciones no duren más de veinte segundos. Los proyectistas más exitosos han seguido esta regla al pie de la letra. Tiene que hacerse cargo de su reentrada; de lo contrario, solo tendrá un montón de experiencias fantásticas que ni siquiera recordará.

Respete la intimidad de los demás y respete a los seres que conozca. Si se encuentra con alguien que se siente apagado, recuerde afirmar que es luz y amor y siga con sus asuntos. No se muestre hostil ni temeroso, pase lo que pase. Recuerde que nada ni nadie puede hacerle daño en el plano astral.

Todos los proyectores constantes le dirán sin dudar que la calidad de su vida ha mejorado inmensamente desde que aprendieron esta habilidad. En el amor, la familia, la carrera, la salud y cualquier otro aspecto, los efectos de la proyección astral son muy notables. La proyección astral le ayudará a vivir la vida con la plena conciencia de que usted es más que físico. Sabrá que la muerte es simplemente un portal hacia más aventuras y que es un ser infinito. Este conocimiento de primera mano le ayuda a aligerar y disfrutar de su existencia actual. ¿Qué podría ser mejor que eso?

La diferencia fundamental entre la proyección astral y la muerte es que en el primer caso tiene un cuerpo al que volver. La proyección astral le enseñará que no hay nada que temer y le mostrará lo verdaderamente libre que es. Imagine un mundo en el que todo el mundo se deshiciera de las ideas que sacó de *Insidious* (2010) o *Detrás de sus ojos* (2021) y aprendiera a explorar la verdad por sí mismo. Imagine un mundo que ya no esté paralizado por el miedo a la muerte, en el que todos sean conscientes de su naturaleza ilimitada. Por eso he puesto mi granito de arena al escribir este libro, con la esperanza de que todos despertemos algún día a la verdad de lo que realmente somos.

Verá, la mayoría de los proyectores irradian una sensación de paz que va más allá de la comprensión, incluso en las situaciones más "difíciles" de la vida. Tienen las soluciones más creativas a los problemas, y saben cómo utilizar su yo astral para manifestar sus deseos en el reino físico porque entienden el concepto: "Como es arriba, es abajo". Así que, si desea que algo suceda en el mundo físico, cree ese escenario en el reino astral. Luego, confíe en que su acción en ese plano influirá en su vida "real"; esto es más que suficiente para crear cualquier cambio que busque.

Puede sanar dolencias y dolores molestos en su cuerpo y ayudar a otros a sanar también. Puede representar un problema en el plano astral y pretender que la solución se haga visible para usted. Puede consultar a un guía, a un pariente fallecido o a un amigo, si lo prefiere, y pedirle consejo. Si ha perdido algo, puede encontrarlo. Si necesita ideas de negocio que le reporten buen dinero, puede conseguirlas. Si desea comprender mejor sus vidas pasadas o espiar a sus yos alternativos para ver si hay algo que están haciendo de lo que podría aprender o emular, también puede hacerlo. Este es el reino de las infinitas posibilidades.

Por último, ahora tiene toda esta información, pero no sirve de nada si la guarda en su cabeza sin ponerla en práctica. Tiene que ser consistente con esto para ver resultados. Tiene que ser disciplinado con su rutina diaria. No hay otra forma de hacerlo. Pero no se desanime, porque al final verá que la recompensa merece la pena. Así que sea valiente. Atrévase a explorar esta nueva frontera de la vida y se verá muy recompensado.

Vea más libros escritos por Silvia Hill

Referencias

Bruce, Robert. Dinámica Astral: Un nuevo enfoque de la experiencia extracorpora. Charlotte, VA: Hampton Roads, 1999.

Crow, John L. "Domando el cuerpo astral: El continuo problema de la Sociedad Teosófica sobre la emoción y el control", Journal of the American Academy of Religion. 2012.

Kemp, Harold. Vidas pasadas, sueños y viajes del alma. Eckankar. Minneapolis, MN. 2003.

LA Berge, Stephen. Sueño lúcido. New York: Ballantine, 1985.

Mercury, Daniel. Convertirse en medio oculto: Chamanismo e iniciación entre los Inuit. Acta Universities Stockholmiensis. Estudios de Estocolmo sobre Religión Comparada. Estocolmo: Almqvist & Wiksell. 1985.

Novak, Peter. El secreto perdido de la muerte: Nuestras almas divididas y el más allá. Charlotte, VA: Hampton Roads, 2003.

Bruce, Robert. Autodefensa psíquica práctica: Comprender y sobrevivir a las influencias invisibles. Charlotte, VA: Hampton Roads, 2002.

Rawcliffe, Donovan. Fenómenos ocultos y sobrenaturales. Dover Publications, 1988.

Bruce, Robert. Dinámica Astral: Un nuevo enfoque de las experiencias extracorporales. Hampton Roads Publishing.

Monroe, Robert. Viajes fuera del cuerpo Doubleday. Reimpreso en (1989) Souvenir Press Ltd. 1971.

Muldoon, Sylvan y Carrington, Hereward. Proyección del cuerpo astral. Rider and Company. 1929.

Hines, Terence. Pseudociencia y lo paranormal. Prometheus Books. 2003.

Gilovich, Thomas. Cómo sabemos lo que no es: La falibilidad de la razón humana en la vida cotidiana. 1993

Time-Life Books (ed). Viajes Psíquicos. Misterios de lo desconocido. Alexandria, VA: Time-Life Books, 1987.

www.ingramcontent.com/pod-product-compliance
Lightning Source LLC
Chambersburg PA
CBHW050510240426
43673CB00004B/173